協調学習とは

対話を通して理解を深める
アクティブラーニング型授業

三宅なほみ
東京大学 CoREF
河合塾 編著

北大路書房

はじめに

　東京大学大学発教育支援コンソーシアム推進機構（以下，東京大学CoREF）では，「人はいかに学ぶか」を研究する認知科学・学習科学という分野の研究をバックグラウンドに，平成20年度から全国の小中高等学校と連携し，「知識構成型ジグソー法」という１つの授業の型を使って，一人ひとりの児童生徒が自分の頭で考え，仲間と考えを比較吟味しながらよりよい答えをつくっていく「協調学習」を引き起こす授業づくりの研究を行ってきた。

　本書は，同じく生徒の主体的な学びを引き出す授業づくりについて研究と実践を進めてこられた河合塾のお力もお借りして，主に高等学校の先生方向けに私たちの取り組んできた「協調学習」の授業づくりについて，その背景となる考え方から具体的な実践例，そして実際に授業をつくっていく際に参考にできる視点を一冊にまとめたものである。

　この本を書いている平成27年度現在，次期学習指導要領の改訂に向けて，アクティブ・ラーニングの語が取りざたされ，児童生徒の主体的・協働的な学びを教室でどのように組織するかが教育現場の課題として改めてクローズアップされている。改訂に向けた諮問において私たちの取り組みも具体的な参考例の１つとして取り上げていただいている。

　アクティブ・ラーニングは，「教員による一方的な講義形式の教育とは異なり，学修者の能動的な学修への参加を取り入れた教授・学習法の総称」（文部科学省「用語集」より）と定義される。一般的には，児童生徒が仲間と協力しながら主体的に課題を解決していくような授業方法を指すことが多い。授業形態の面に着目すると，これまで主に小中学校を中心に学校現場で取り組まれてきたことが改めて強調されているに過ぎないとも言える。

　「なぜ，今アクティブ・ラーニングか？」を掘り下げるには，何のためのアクティブ・ラーニングかに注目する必要がある。平成27年8月にまとめられた中央教育審議会初等中等教育分科会の教育課程企画特別部会の論点整理では，これからの時代に求められる人間像として「社会の激しい変化の中でも何が重要かを主体的に判断できる」こと，「他者に対して自分の考え等を根拠とともに説明しながら，議論することを通じて相手の考えを理解したり考え方を広げたりし，多様な人々と協働」できること，「問題を解決に導き新たな価値を創造していくとともに新たな問題の発見・解決につなげていく」ことをあげている。

　これを言い換えれば，第一に，一人ひとりの児童生徒が「これだけ覚えておけば安

心」という答えを受動的に受け入れるような学び手ではなく，新しい問題状況において自分で答えを作り出せる学び手になることが求められているということである。アクティブ・ラーニングで私たちが育てたいのは，答えの受け手ではなく，作り手である。

ただし，一人ひとりが自分でつくる答えというのはどうしてもその人の経験則に縛られてしまうから，視点の異なる他者と考えを出し合ってみることで，自分の考えを見直し，多様な視点を統合し，自分の答えの適用範囲を広げることが必要になる。これが協働の肝だろう（私たちは同じ collaboration という言葉を訳して「協調」という言葉を使っている）。

協調的な問題解決を通じて，一人ひとりがよりよい答えを自分で作り出せると，その先に「次に問いたい問い」がそれぞれなりに生まれてくる。授業場面に即して言えば，これまでの科学や文化，研究の上に立って，先生方が目の前の生徒に本時において考えてほしい「問い」を用意される。「問い」に答えを出すための部品（資料や視点，ヒントとなる活動など）もいくつか用意されるだろう。これが授業のデザインになる。この「問い」に対する答えをそれぞれの仕方で部品を組み合わせて作っていく。違う部品や答えを持った仲間と考えを比較吟味したりしながら，自分なりに納得できる「問いへの答え」をつくりあげる。自分なりに「これはわかった」という答えが見えてくると，（ほとんどだからこそ初めて）「ここはどうなの？」という「次に問いたい問い」が生まれてくる。

こうやって整理してみると，今の教育課題の本質は，単純にグループ学習等の児童生徒が主体的に参加する授業形態を増加させたり，他者とコミュニケーションをとる機会を増加させたりすることではなく，児童生徒が主体的に学び，他者との関わりを通じて，自分なりの答えを作り，試し，磨き，その先にわかったからこそ問いたい自分なりの「次の問い」を見つけていくような学習のチャンスをどれだけ設けてあげられるか，にあると言ってよい。

そう考えると，「この手法を使わないとアクティブ・ラーニングではない」「この手法を使いさえすればよい」といった話ではないことは明白である。上記の「論点整理」でも大事にしたいのは特定の手法の普及ではなく，一人ひとりの先生方が児童生徒の主体的・協働的な学びを引き出すための授業をデザインできる力量を形成していくことだと整理されている（詳しくは本書「おわりに」を参照のこと）。

主体的・協働的な学びのチャンスを教室でなるべく多くつくってあげるための授業デザインの方法として，私たちは「知識構成型ジグソー法」という1つの型を共有し，ここまで6年間かけて実践研究してきている。今，アクティブ・ラーニングは特定の

手法にこだわるものではないと申し上げたことと矛盾するようだが，こうした研究の進め方に私たちは大きな意味を見出している。

それは，「知識構成型ジグソー法」という１つの型を共有して，その枠の中で授業デザインを検討してみることによって，児童生徒の主体的・協働的な学びを引き出すための様々なレベルのコツのようなものが先生方の中で具体的に意識されやすくなったり，また同じ型を使っている仲間の先生方と校種や教科を超えて共有されやすくなったりするからである。求められる授業デザインの力量を先生方が形成するためのツールとして共通の型が機能すると考えている。

もしかしたら本書をお手に取られている先生方の中には，「とにかくいろんなアクティブ・ラーニングの授業法の引き出しを身につけないと」とお考えの方もいらっしゃるかもしれない。ただ，「○○法はこういう場面では使えるけど，こういう場面では使いにくい」，「▲▲法にはこんなメリットとデメリットがある」といったことをたくさん知っても，それらの方法を使う際の問いの立て方や視点の選び方はどうだったのか，児童生徒の理解はどうだったのか，といったご自分の授業づくりの肝心な部分の振り返りはなかなかしにくいかもしれない。

「知識構成型ジグソー法」なら「知識構成型ジグソー法」という１つの型にある程度腰を据えて取り組んでみることで見えてくることが，児童・生徒の主体的・協働的な学びを引き出すための先生方お一人おひとりの授業デザインの専門性を伸ばすための近道ではないかと考えている。本書で扱っている腰を据えた取り組みから見えてきた授業づくりのポイントは，おそらくジグソーだけでなく様々な形のアクティブ・ラーニングの授業に通じるものだろう。

以下，本書の構成について記す。第１章「『協調学習』の考え方」では，私たちの取り組みをリードしてきた東京大学CoREF副機構長だった故三宅なほみ氏が東京大学CoREFの年次報告書に執筆してきた遺稿をまとめている。国際的な第一線で活躍した認知科学・学習科学者であった氏の理論から，協働的な学びとはどのようなものか，どんなときに引き起こされるのか，それを教室で引き起こすためにはどうすればよいのか，そうした学びをどう評価するのか，といった視点についてベースとなる考えを示す。第２章では具体的な「実践例」を扱う。高等学校だけでもこれまで17教科で500を超える実践例を蓄積してきたが，本書では国語，地歴，数学，理科，外国語の５教科での実践例を１つずつ取り上げ，具体的な生徒の学びの様子を分析した授業解説，実際の授業デザイン，教材，授業者の振り返りとインタビューをまとめて掲載している。第３章「実践に向けて」では，単元の流れの中で「知識構成型ジグソー法」をどのように活用する可能性がありそうか，また実技や実習を中心とした教科ではどうか，

といった視点から第2章の内容を補足するとともに、「これから初めて授業をつくってみようとしている」あるいは「試してみたけどこれでよいのだろうか」という先生方からよく寄せられる授業づくりのご質問についてQ＆A形式でまとめている。第4章「河合塾での展開」では、今高校生に将来に向かって身につけてほしい力とはどういうものなのかについて、受験予備校である河合塾がなぜアクティブラーニング型授業を研究しているのか、実際に予備校の場でどんな実践を行っているのかの実践例をお示しすることで、別の角度から考える視点を提供したい。「おわりに」では、国立教育政策研究所白水始総括研究官に本書の解題と三宅なほみ氏の研究史の紹介をお願いした。白水氏は、三宅氏の前所属である中京大学情報科学部認知科学科時代からの20年来の研究パートナーであり、CoREFの取り組みについても協力研究員という立場でサポートしてきてくださった方である。

　本書が、学校現場で日々目の前の生徒と向き合い、ご自分の授業でより生徒の学ぶ力を引き出したいと考えておられる先生方、大学と教育現場との連携によって新しい授業づくりにどんなヒントが見えてきているかにご関心のある研究者、企業人のみなさまにとって、少しでもお役に立つものになればと思う。

　　　　　　　　　平成28年3月　東京大学　大学発教育支援コンソーシアム推進機構

【注記】
　なお、本書の表題と第4章では、「アクティブラーニング」型授業、その他の部分では「アクティブ・ラーニング」の語を主に使用している。前者は河合塾が研究してきた生徒の能動的な学びを引き出す授業全般を示す語であり（一例として、小林・成田，2015）、後者は現在文部科学省や中央教育審議会が課題の発見と解決に向けて主体的・協働的に学ぶ学習を指して使用している語である。本書で扱う知識構成型ジグソー法は、「アクティブラーニング」型授業の中でも対話を通じた理解深化をねらった授業の型であり、生徒の主体的・協働的な学び（本書ではこれを主に「協調学習」という言葉で説明している）を引き出すことを目的としている。

小林昭文・成田秀夫（著）河合塾（編）(2015)．今日から始めるアクティブラーニング　学事出版

目次

はじめに　i

第1章　「協調学習」の考え方　1
1. 背景となる考え方（講演記録）　1
   (1) 21世紀の社会が求める学力を身につけるために　1
   (2) 人の学びの仕組みから見える知識伝達型授業の限界　4
   (3) 他者と考えながら学ぶ，協調学習の原理　6
   (4) 教室で協調学習を引き起こす仕掛けとしての「知識構成型ジグソー法」　8
2. 協調的な学習の仕組み　12
   (1) はじめに　12
   (2) 協調的な学習のゴール　14
   (3) 話し合いで学びが進む仕組み　15
   (4) 協調的な学習に含まれる下位のプロセス　17
   (5) ジグソーの型を使った協調学習　19
   (6) 授業者の学びのコミュニティ　21
3. 協調学習―「わかった！」とその先にあるもの―　21
   (1) 「自分なりの納得」と「わかった！」　22
   (2) 「わかった！」に到達する過程　23
   (3) 「わかった！」の先　24
   (4) 知識構成型ジグソー法が求めるもの　25
4. 私たちがやってきたことをどう評価し，次につなげていくか　27
   (1) 評価を構成する3つの要素　28
   (2) 新しいゴールに向けて授業をどう評価したらよいか　29
   (3) 今後の発展のための Network of networks　32

第2章　実践例　34
◎実践例の見方，評価の考え方　34
   (1) 本章の構成　34
   (2) 授業デザインと評価の考え方　36
   (3) 事例についての補足　40
◆国語　『伊勢物語』での実践例「平安貴族たちが求めた『雅』とは？」　41
   (1) 実践の概要　41
   (2) 学習成果―授業前後の理解の変化から―　42
   (3) ジグソー活動における建設的相互作用　44

目次　v

◆授業案　50
　　　◆教　材　53
　　　◆授業者振り返りシート　58
　　　◆授業者に聞く　61
　◆地理歴史　世界史「宗教改革」での実践例
　　　　　　　「カール5世はなぜルター派を容認したか」　65
　　（1）実践の概要　65
　　（2）学習成果―授業前後の理解の変化から―　65
　　（3）ジグソー活動における建設的相互作用　67
　　　◆授業案　73
　　　◆教　材　76
　　　◆授業者振り返りシート　81
　　　◆授業者に聞く　83
◆数学　「確率」での実践例「空間図形上を移動する点についての確率」　87
　　（1）実践の概要　87
　　（2）学習成果―授業前後の理解の変化から―　88
　　（3）ジグソー活動における建設的相互作用　89
　　　◆授業案　95
　　　◆教　材　98
　　　◆授業者振り返りシート　103
　　　◆授業者に聞く　107
◆理科　化学「酸・塩基」での実践例「紫キャベツでヤキソバを作る」　111
　　（1）実践の概要　111
　　（2）学習成果―授業前後の理解の変化から―　112
　　（3）ジグソー活動における建設的相互作用　113
　　　◆授業案　117
　　　◆教　材　120
　　　◆授業者振り返りシート　125
　　　◆授業者に聞く　128
◆英語　コミュニケーション英語での実践例「Sleeping Hours」　132
　　（1）実践の概要　132
　　（2）学習成果―授業前後の理解の変化から―　133
　　（3）ジグソー活動における建設的相互作用　136
　　　◆授業案　139
　　　◆教　材　142
　　　◆授業者振り返りシート　150
　　　◆授業者に聞く　152

第3章　実践に向けて　156

1. 単元計画における知識構成型ジグソー法の活用例　156
   - (1) 知識構成型ジグソー法の型の持つ意味　156
   - (2) これから学ぶ見通しをつくる―単元の導入での活用―　158
   - (3) わかったつもりを見直し，自分のものにする
     ―学習が進んだタイミングでの活用―　159
   - (4) 実技を中心とした教科での活用
     ―単元全体の学習効果を視野に入れて―　161
   - (5) ねらいと課題の設定によって活用の仕方は様々　162
2. 授業づくりのポイント―Q&A―　163
   - Q1 知識構成型ジグソー法の授業づくり，どこから手をつけるのがよいでしょうか？　164
   - Q2 知識構成型ジグソー法に適した内容，適さない内容というのは，あるのでしょうか？　165
   - Q3 エキスパートの学習内容・活動はどのようなものにすべきでしょうか？　168
   - Q4 授業中における教師の役割はどのように考えたらよいのでしょうか？　171
   - Q5 知識構成型ジグソー法の授業を行う際にグルーピングのポイントはありますか？　175
   - Q6 知識構成型ジグソー法の授業を行うのに必要なコミュニケーションのスキルはどうやって身につけさせたらよいでしょうか？　176
   - Q7 知識構成型ジグソー法の授業を試してみたのですが，これでよかったのかどうかわかりません。評価はどのように行えばよいのでしょうか？　179
   - Q8 学力のことを考えると，知識構成型ジグソー法の授業では不安です。　182

第4章　河合塾での展開―河合塾ジェネリックスキル講座―　184

1. ジェネリックスキル講座とは　184
2. 事例紹介　186
   - (1) 授業の目標　186
   - (2) 授業の内容と流れ　186
   - (3) 生徒の学び―活動状況，レポート，振り返りシートから―　188
3. まとめ　190

おわりに―解題も兼ねて―　192

1. 本書の総括　192　／2. 三宅なほみ氏 研究史　196　／3. 学びを見直す　199

実践から学びたい方，理論をさらに深く学びたい方に　201

第1章

「協調学習」の考え方

本書では，生徒が主体的・協働的に学ぶ授業で引き起こしたい学習として，「協調学習（collaborative learning）」という概念を用いる。

本章では，国際的な学習科学者としてこの「協調学習」の原理を研究し，同時に多くの学校現場と連携し「協調学習」を引き起こす授業づくりの実践研究を行ってきた三宅なほみ氏の遺稿から，その基本的な考え方を整理する。

1. 背景となる考え方（講演記録）

> 本節は，三宅なほみ氏の講演記録をもとに，東京大学 大学発教育支援コンソーシアム推進機構平成26年度活動報告書に収録されたものである。
>
> 本節では，他者と考えを出し合って一人ひとりが自分の答えをつくる協調学習が要請される背景について社会の変化と学習科学理論の二側面から解説している。その上で，人が生まれつき持つ「建設的相互作用」と言われる協調的な学びの力を教室で引き出すための授業の型の1つとして「知識構成型ジグソー法」を提示している。

(1) 21世紀の社会が求める学力を身につけるために

世界を視野に考えたとき，今，「一人ひとりが自分の考えを持ち，いろいろな意見を集め，新しい答えを作り出す」，そういう知性を子どもたちにつけていくことが重要になっている。

21世紀社会では,「わかっていること」は,たいてい探せばどこかにでてくる。だから,既にわかっていることについてはある程度でよくて,むしろそれを使って新しい問題を解こうとするときに,自分の考えをお互いに話しができるような環境の中で,わかりかけていることを,積極的に,言葉にしながら考えて,一人ひとり自分で答えを作り出す,そういうことが将来やれるようになってほしい。

　ではどうすればよいかというと,「今教室の中でやっておきましょう」ということになる。子どもは経験から学ぶので,できるだけチャンスを増やしたい。いろいろなテーマについて自分で答えをつくって,他の人の答えも聞いてみる。「どっちがよいんだろうね」という話し合いをする。「もう一度言って」「わかんない」って言い合いながら,お互いの表現を引き出していくようなコミュニケーションをとおして,「みんなで考えたら,最初全然わかんなかったけど,なんとなくわかってきた」という実感を,一人ひとりの児童生徒に持ってもらいたい。「僕はこういうふうに言うのがよいと思う」「私だったらこう言うわ」というふうに,一人ひとりの理解が言葉になっていくことで,クラス全体のレベルも上がっていく。

　一人ひとりが新しい答えを作り出すためには,「知っている答え」が出てきたときに,「先生が教えてくれたことが答えでしょ」って終わらせるのではなくて,「ほんとかな」と根拠を確かめたり,「自分が体験して知ってることと,

---

21世紀を主体的に活きるために必要な力
これからの社会が求める知性
- いろいろな意見を「集めて編集できる」知性
  - わかっていることを「説明できる」より、
  - わかりかけていることを「ことばにしながら考える」
- **一人一人が自分で答えを「作り出す」知性**
  - 「知っている答え」が本当か、その根拠を確かめる
  - 自分の体験で支える
  - 適用範囲を広げる

21世紀型スキルがこれまでと違うところ

今教室で習ったことは同じかな？　違うかな？」と考えてみたり，1つの問題が解けたら，「これがわかると次にどんな問題が解けるんだろう？」と構えて，次の問題がきたら「あそこで習ったあれ使って解けるかな？」と考えたり，そういうことも大事になってくるだろうと思う。

　もしかしたら，「21世紀を主体的に生きるために必要な力」というときに，目指しているのは，先生方が昔から「子どもたちがこういうことできたらよいな」と普通に思ってきたようなことかもしれない。友だちと考えを言い合いながら，一緒に一生懸命問題を考えて「自分はこういうことがわかったよ」と意見が出せる。そこから，友だちと一緒に考えることの大事さを実感してくれる。今それが「21世紀型スキル」という名前をつけられて，こういう能力を育てていきましょう，活かしていきましょう，と言われているのである。

　こう言うと，「そういうのもアリでいいけど，これやって学力はつくの？」「大事とは思うけど，私の教室ではできないんじゃないかな？」というような疑問をもらうことも多い。そう言う方にもう少し詳しく話を聞いてみると，「こういうことをやろうと思ったら，それ以前に基礎知識がしっかり身についてないとできないでしょ」とか，「話し合いの作法が身についてないと難しいでしょ」などという考えが出てくることが多い。こういう意見は，学びというものに対する素朴な考えとして，確かだと思えるようなことなのだが，私たちはもう1回，人間はいかに学ぶのか？というところに立ち返って，私たちがつくる授業そのものを作り直していく必要があるのだと今は考えている。

　人間はもともと，他人と自分の違いを活かして他人から学ぶ，自分の考えていることを他人に説明してみて自分の考えを変えていく，そういう力を持っている。しかし，持っている力が引き出されるかどうかは，環境づくりによる。だから21世紀型スキルを育成するような授業を構想するとき，「こういう授業を受けさせるために事前に何をさせるか」ということよりは，私たちが教師として，子どもが本来持っているそういう力を子どもたちが自然に使ってしまう，使わざるをえない，使うことが楽しい，というような授業をつくること，子どもが自分で考える環境のデザイン，そこに主眼を置けるとよいのではないかと考えている。

（2）人の学びの仕組みから見える知識伝達型授業の限界

では，人がもともと持っている学びの力とはどんな環境によって引き出されるのか，それを考えるのが「学習科学」と呼ばれる研究分野である。学習科学は，学習者の視点から人が生まれつき持っている学びの力とはどういうものかを考え直しながら，その学びの力を引き出す環境のあり方について考えてきた。

その中で明らかになってきたのが，人間は基本的に，自身の経験したことをまとめて自分なりのものの見方，経験則をつくり，そこに他人に教わったことなども取り込みながら経験則をしっかりさせて，いろいろな問題を解けるようになっていくというふうに，自分なりのわかり方の質を上げるというかたちで賢くなっていくんだということである。その意味で，学びのプロセスというのは一人ひとり多様なものだということになる。

人はいろいろなことについて必ず何かしらの経験則というものを持っている。例えば，お風呂に入った経験があれば，初めて入るプールのときに，水の中でどうすれば身体が浮きそうかということについて何らかの考えを持っていると思われる。それに対して学校では「浮力ってこういうものですから，こんなふうに身体を使うと，うまく浮きますよ」ということを教える。そういう，原理原則の世界というものがある。そこで，経験則と原理原則の間をどうつなぐかということが問題になってくる。ここがつながると，原理原則的な「正解」を納得して使える，習った知識を使えるということになる。

このとき，「浮力ってこういうものですよ」ということについて，先生が考える「わかりやすさ」を強調した説明をしたとする。子どもが「わかった」と言ってくれれば，両方をつなぐレベルの部分にいろいろな知識が入ってくる感じはするが，子どもの気持ちになってみると「先生が教えてくれたことはそれなりにわかるけど，まぁ，今度のテストまで覚えとけばよさそうね。私が普段やっていることとは結びつかない」となってしまう。これが，「講義式授業に限界がある」というとき，そのメカニズムについての学習科学なりの説明ということになる。

先生が「わかりやすい教え方」と思ったものも，たくさんあるわかり方の1つだから，それが知識伝達型で「こういうふうに説明されたらわかるでしょ」と言われたときに「うん，わかる」っていう子がどれくらいいるか。

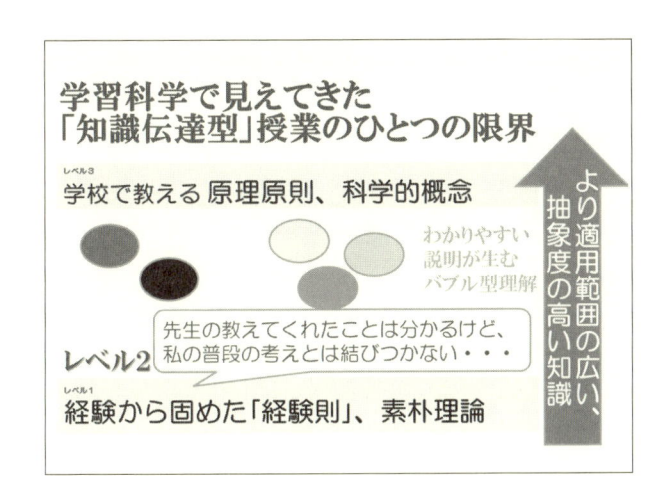

**学習科学で見えてきた
「知識伝達型」授業のひとつの限界**

レベル3
学校で教える 原理原則、科学的概念

わかりやすい
説明が生む
バブル型理解

先生の教えてくれたことは分かるけど、
私の普段の考えとは結びつかない・・・

レベル2

レベル1
経験から固めた「経験則」、素朴理論

より適用範囲の広い、抽象度の高い知識

　教室の中でみんなが納得してくれる割合ってどれくらいかと考えたときに，あんまり高くはない。実際に高くない（三宅・三宅，2014）。丁寧に調べてみればそういうことがわかる。先生の「わかりやすい」説明の仕方を聞いて，教科書のその部分をやっているときに一時的に覚えるということはできるが，単元が終わりになって別の話に移っていったら，あるいは別の授業に移っていったら，子どもたちはそのことを考えないという状況が起きる。

　しかし，先生の言っていることと，自分の持っている経験則がどう結びつくのかということを自分で考えるような授業ができると，自分で考えて言葉にするチャンスが増える。だから正解を納得して自分の使えるものにするには，一人ひとりが今自分でどう考えているかというのを，時々自分で言葉にしてみるということが必要である。子どもたちにできるだけそのチャンスを多くつくってあげると，原理原則のレベルと経験則のレベルがつながる。本人が自分でつないだわかり方というのは，自分のわかり方だから，時々取り出してみて日常的なわかり方に適用してみるとか，テレビでその話がでてきたらそこから情報をもらって太らせる，というようなことをやっているうちに，少しずつ形を変えて長く残っていく。そのうちに，そうやって本人が自分で使えるわかり方が，素朴な経験則に近かったものから徐々に学校で教えたい原理原則の方に近いような形になってくる。

(3) 他者と考えながら学ぶ，協調学習の原理

　自分で考えて言葉にするチャンスがあると，経験をまとめて抽象化できるので，自分の発想と他者の言ったことを組み合わせて，新しい知識を身につけることができる。このことを実証した研究もある。「折り紙の4分の3の3分の2の部分に斜線をひいてください」「次に3分の2の4分の3の部分に斜線をひいてください」という連続する2つの課題を出して1人で解く場面と，2人で解く場面を比べてみた。1人だと多くの人が2回とも「折って答えを出す」方法しか使わないが，2人で解く条件だと，1問目で「掛け算でも解ける」ということに気づき，2問目に掛け算解法を適用するという割合がずっと増えた。2人で解いている場面を詳しく見てみると，各自が相手の言うことを聞いて理解しようとしている間に問題を見直し，自分の視野を広げ，その視野を広げた中から「抽象化」というのが引き出されている様子が見えてきた。相手がいて，理解してもらうには視野を広げざるをえない，「わかんない」「どうして？」っていう人がいることによって，「折ってもよいし計算してもよい」というふうに，自分の考えが，適用範囲の広い解に変わっていったのである（Shirouzu, Miyake & Masukawa, 2002; 白水，2010）。

　「三人よれば文殊の知恵」という言葉もあるが，「他者と一緒に考えて理解が進む」と私たちが言っているのは，こういうことなのである。相手がいると，相手がいちいちひっかかるので，それに自分の考えを作り直して，視野を広げて，自分の考えを抽象化する。2人で一緒に課題を解こうという活動を行っているときのほうが，これが断然起こりやすい。

　私たちはこういう人と人との相互作用について，一人ひとりの意見が，建設的な方向で，たくさんの問題が解けるような抽象化の方向で変わっていくものを「建設的相互作用」と名づけている。

　複数人で一緒に問題解決活動を行うとき，一人ひとりの人に「考えを外に出して確認してみる場面（課題遂行）」と「他の人の言葉や活動を見たり聞いたりしながら，自分の考えと組み合わせてよりよい考えをつくる場面（モニタリング）」が生まれる。誰かが考えを外に出してみると，話を聞いていたもう一人がその言葉を聞いたり活動を見たりして考える，今度その人が話し出したら，さっきまで自分で考えていた人が，他人の言葉を聞いたり活動を見たりしなが

> **他者と一緒に考えることで理解が進む：**
> **建設的相互作用**(Miyake, 1986)
> 複数人で一緒に課題解決活動を行っているとき、
> - 自分自身の考えを外に出して確認してみる場面（課題遂行）
> - 他の人のことばや活動を聞いたり見たりしながら、自分の考えと組み合わせてよりよい考えをつくる場面（モニタリング）
>
> 個人内でこのふたつの場面が次々に起こり、理解が深化する（気づきや表現できることの質が高くなる）

ら，自分の考えを見直していく。参加者一人ひとりが，課題遂行とモニタリングを，くるくると行き来している。このとき一人ひとりの頭や心の中で建設的相互作用が起きている。

結局，授業で起きてほしいことは「建設的相互作用を通して一人ひとりの児童生徒が自分の考えを深める」という活動である。経験則と原理原則をつなぐために，お互いが自分の考えを外に出して確認しながら，一人ひとりが学び，考えを見直し，良くしていく。グループで学習するが，グループ全体で答えを出せるようになればよいのではなくて，一人ひとりが学ぶのである。そういう学習のことを，総称として collaborative learning と言う。素直に訳すと「協調学習」である。なので，私たちはこれを「協調学習」と呼ぶ。

まとめると，協調学習の基本的な考え方というのは，まず，「一人ひとりのわかり方は多様」ということである。「一人ひとりが自分の頭で多様に考えているんだ」という現実をもう1回洗い出す。そうすると「一人ひとりが考えて，納得して自分で表現したことは，その人の活用できる知識になりやすい」という指針が出てくる。

そこで，授業の中で，子ども自身が自分で考えて，しかもそれを何度も言ってみる機会をつくることが必要になる。相手に「もう1回言ってみて」と言われると，少なくとも2回，考えを言葉にするチャンスが生まれる。逆に言えば「もう1回言ってよ」とお願いするのは，相手にもう1回同じことを表現し直

> **建設的相互作用を通して自分の考えを深める**
> ⇒Collaborative Learning（協調学習）
>
> レベル3：科学者集団の合意
> **先生が教えたい、教科書に載る様々な知識**
>
> レベル2：相互作用を通して獲得される「説明モデル」
> **他者が持っている知識も統一的に説明できるような、少し抽象的で視野の広い知識**
>
> （レベル2の知識は、レベル1とレベル3を結びつける知識。建設的相互作用を通して、1人ひとりがレベル2の知識を作っていくことが可能になる。）
>
> レベル1：ひとりで作れる知識
> **学習者1人ひとりが作ってきた知識**
> 経験のたびに確認して強化される／してしまう

> **協調学習の基本的な考え方**
> ● 一人ひとりの分かり方は多様
> ● 納得して自分で表現したことは、「活用できる知識」になりやすい
>   ● 「活用できる知識」として知識や理解を作り上げるためには、授業の中で子ども自身が自分で考え何度も表現し直す活動を中心にする必要がある
>   ● そのとき、自分と視点の違う他者と考えを出し合って一緒に考えれば、答えの適用範囲が広くなる
>   ● そのために，一人ひとり、分かり方の違いが「見える」授業づくりが必要

すチャンスをあげているわけである。その話したり聞いたり，考えて黙っていたり，考えてわかったことを言葉にしたり，という活動を中心にしていくと，一人ひとりの考えの適用範囲が広くなっていく。この現象を collaborative learning（協調学習）と呼んだりするわけだが，そのために，一人ひとりわかり方の違いが見えてくるような授業づくりが必要になる。

（4）教室で協調学習を引き起こす仕掛けとしての「知識構成型ジグソー法」

それでは，協調学習を引き起こすにはどうすればよいか。「グループ学習に

すればよいのではないか」と思うが，単に集まって一緒に考えるだけだと，話し合いは起きても，「建設的相互作用」が起きるとは限らない。先生方からよく聞く話として「グループ学習をやったことがあるんですけど，結局できる子が解決して，他の子がそれに従うだけになってしまう。そこで司会を立てて全員話ができるようにすると，話はできるんだけど，あとでテストしてみると結局できない子はわかってないままだったりする」ということがある。そうしないための型の1つが，知識構成型ジグソー法である。

知識構成型ジグソー法は，生徒に課題を提示し，課題解決の手がかりとなる知識を与えて，その部品を組み合わせることによって答えを作り上げるという活動を中心にした授業デザインの手法である。一連の活動は5つのステップからなっている。

最初に，問いを提示する。例えば，「雲はどのようにしてできるか」という問いを出すとしよう。この問いは，先生のねらいによって，前後の学習との関連によって多様に設定できる。そして，今日の課題についてちょっと考えを聞いておく。そうしておくと，子どもたちも今日はこの課題を考えるのね，これについて自分は今何を知っているかな，と考えてくれる。

そして次に，「雲はどのようにしてできるか」について考えるための手がかりをいくつかの部品として渡し，問いに関する自分の考えというのをみんなが少しずつ言葉にしていく。これがエキスパート活動になる。

エキスパート活動に使う部品は，先生がねらいに応じて厳選して準備する。今回の例だと，中学2年生の内容だから，その段階で科学的な説明をしてもらうとすると…ということでこんな3つの部品を準備してもよいと思う。「空気というのは体積が増えると温度が下がります（断熱膨張）」「空気の温度が下がると，空気中に含める水蒸気の量が減ります（飽和水蒸気量）」「空気の中の水蒸気は，核になるようなものがあると，その周りにくっついて，液体になって目に見えるようになります（状態変化）」。

知識そのものは教科書にあるようなものである。これを分担し，「なんとなくこういう話？」というのを同じ部品を持つ数名のグループで考えてもらう。

部品についてなんとなく理解した，という状態ができあがってきたら，別のエキスパートの部品を担当した人を一人ずつ呼んで新しいグループをつくり，

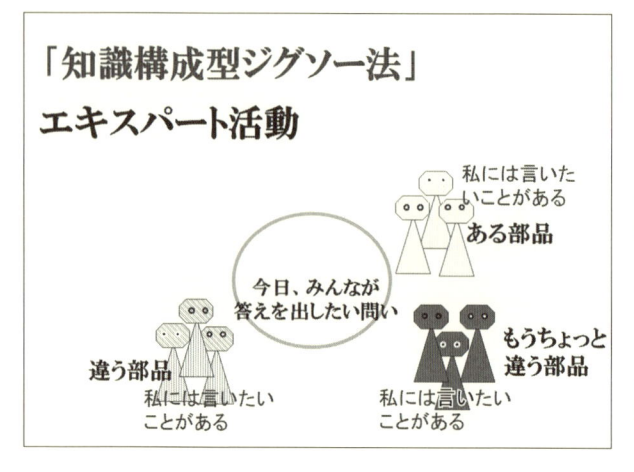

「知識構成型ジグソー法」エキスパート活動の図

最初に本時の問いに各自が自分なりの答えを考えてみる。その後，その問いによりよい答えを出すための3つ程度の異なる部品（エキスパート資料）をグループに分かれて検討し，自分の言葉で説明できるよう準備する（エキスパート活動）。

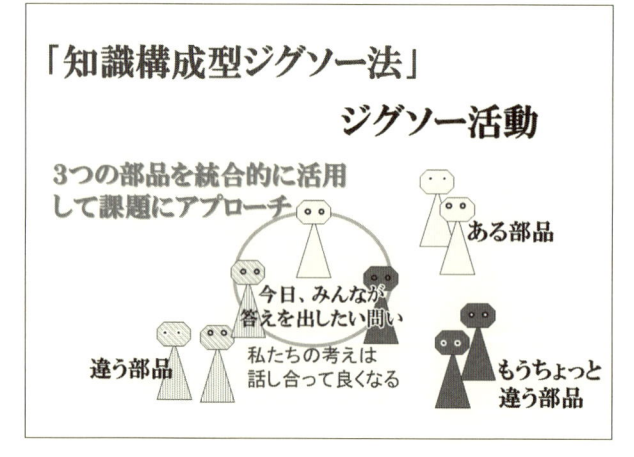

「知識構成型ジグソー法」ジグソー活動の図

異なる部品（エキスパート資料）を担当したメンバーが1名ずつ集まってグループを作り，最初の問いに対する答えを作り上げる（ジグソー活動）。

3つの部品を統合的に活用して課題にアプローチしてもらう。このそれぞれ違う部品を担当したメンバーで一緒に課題の答えについて「こうじゃないか」「ああじゃないか」と話し合ってごらん，というのがジグソー活動である。このやりとりを通じて，一人ひとりの視野が広がり，表現できる解の質が上がっていく。

　それぞれのグループが，3つの部品を手がかりに，自分の経験も踏まえながら話し合っていると，課題の答えが言葉になってくる。まだ半信半疑かもしれないが「自分たちはこう思います」「私たちはこんなふうにも言えると思いま

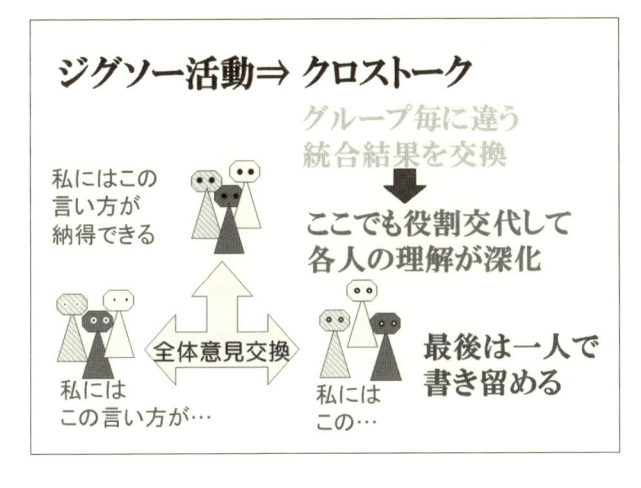

> **ジグソー活動 ⇒ クロストーク**
> グループ毎に違う統合結果を交換
> 私にはこの言い方が納得できる
> 全体意見交換
> ここでも役割交代して各人の理解が深化
> 最後は一人で書き留める
> 私にはこの言い方が…
> 私にはこの…

ジグソー活動で出てきた答えを教室全体で交流し、異なる考えや表現から学ぶ（クロストーク）。最後は各自が自分で答えを書き留める。

す」というのを教室全体で交換し合うことで，表現の質を上げていく時間，これがクロストークである。

そして最後には，今日わかってきたことを踏まえて，もう一度自分で答えをつくってみてもらう。これが，「知識構成型ジグソー法」である。

こうした一連の流れに時間をどう使うかは，課題とねらう答えによって変わってくる。

この型が支えるのは，「一人ひとりの考えの多様性を活かす環境」である。一人ひとりのわかり方は，あるレベルでは，最初から最後まで多様であって構わない。多様であることこそが，建設的相互作用がクラスの中で起きていくための大事なリソースである。

型があることによって「私には人に伝えたいことがある状況」「私の考えが相手に歓迎される状況」「他の人と一緒に考えて私の考えが良くなる状況」が担保される。例えば，部品について何か考えて「ここがわかんないの…」と，人に伝えたいことが生まれる。これがコミュニケーション能力を「発揮する」大事なきっかけである。互いに知らない情報を持っている「はずだ」ということになっているので，「自分の言うことが，相手に歓迎されるかも」と思える関係ができる。その関係の中で問題が解けていくと，「他の人と一緒に考えると私の考えは良くなるんだ」という状況を体験できる。

型が支えている「一人ひとりの考えの多様性を活かす環境」が，彼らが本来

持っている力である協調問題解決能力であり，これを「発揮」させ，その価値を実感させるということにつながる。

　私たちは，いろいろな教室で，たくさんの先生方とこのやり方を試してきた。その中で経験したことは，「あの子たちには難しいんじゃないかなぁ」と思う子たちでも，どの子も自分で考えるということである。人がもともと持っている学ぶ力，これが，コミュニケーション能力や協調問題解決能力，21世紀を生きのびるだけではなくて，21世紀に人類がより質の高い生活ができる，社会を牽引する力のベースだと言われている21世紀型スキルの本性である。子どもたちが持っている力なんだ，誰でも状況が整えばそういうことができるんだ，というふうに私たちが考えなおして，どうやって環境を作ればその力を明日の授業で使ってもらえるか？という観点から授業づくりを見直してみる，これが21世紀型スキルを育てる授業づくりの肝ではないかと考えている。

2．協調的な学習の仕組み

> 本節は，東京大学 大学発教育支援コンソーシアム推進機構平成22年度活動報告書に収録された原稿を編者が一部加除修正したものである。
> 本節では，話し合いで学びが進む「建設的相互作用」のプロセスについて分析している。自然発生的な協調学習がうまく起きた場合，そこにどのような特徴的なプロセスがあるのかの分析に基づいて，教室でこうしたプロセスを引き起こしやすい型として「知識構成型ジグソー法」を提案している。

(1) はじめに

　東京大学 CoREF では，小中高等学校，教育委員会，様々な社会人専門家との連携事業によって，「協調学習」を1つのキーワードに，教室での学びの質を上げる実践に取り組んできた。目指しているのは，子どもたち一人ひとりが自分たちなりのわかり方をつかみ，まだわかっていないのはどこかに自分で気づき，その不足分を埋めて理解を深めながら次に知りたいことを自然に見つけていく学びである。さらに，子どもたちのそういう学びを支えながら，もう大人になってしまっている私たち学習研究者，教えることのプロ，社会的実践の中から知を生み出す社会人プロもまた，自分たちを高め学び続ける糧になる学

びである。

　贅沢な目標に聞こえるが，人がうまく学んでいる場面を詳しく観察すると，このようなプロセスが順を追って起きていることが多い。言い換えると，人には，子どものころから，このようにして学んでいく認知的な能力が潜在的に備わっている。この能力は，例えば，人が何かに気づき，その気づきを意識的に他の人に説明しようとするようなとき，自然に発現される。何か大事なことに気づいたという自覚があって少し考えの違う人と議論しようとするときなどは，特にそうなる。この能力が発現すると，一人ひとりに，自分なりの，自分しか持っていない，だからこそ次の学びにつながる「わかり方」が育つ。このようにして起きる学習のことを「協調学習」と呼ぶ。その意味で，「協調学習」は学習が起きる原理，構成概念の1つであって，教育改革運動や特定の教育メソッドの名前ではない◆。

　問題は，人に備わるこの潜在的な能力が，使えて絶対損をしない能力だと考えられるにもかかわらず，誰でもいつでも時期が来れば使えるようになるものではないらしい，ということである。この能力の本当の正体もまだ十分にはわかっていない。連携事業の目的には，この能力の正体をはっきりさせる，誰でも必要なときこの能力が開発できる支援方法を実践的に考える，という2つのことも含まれている。

　私たちの連携事業では，「知識構成型ジグソー法」と呼ばれる具体的な授業の型を媒介に，教室の中で「協調学習」を実現しようと模索してきた。知識構成型ジグソー法は，あくまで協調学習を実現するための枠組みであって，多様で柔軟に運用できる。また，協調学習を実現する方法が知識構成型ジグソー法だけというわけでもない。

　本論では，協調学習という学習原理を，そのゴールと，仕組みと，下位プロセスという3つの観点からもう少し詳しく解説したい。その中で，知識構成ジグソー法という授業の典型的な展開の仕方が概要どのようなもので，そのどこがそれらの特徴を反映しているのか，具体的にはどんな成果をねらって実践してきたのかを説明したい。

◆ 本論では，「協調学習」と「協調的な学習」という言い方を同じ意味で使っている。

(2) 協調的な学習のゴール

　今，教室の学びは新しいゴールを目指している。世の中で，これまで以上に，自分で疑問を持ち，答えの見当をつけてその答えが正しいか確かめながら自分で判断して前に進める知識と技能が求められているからである。これからは教室の学びがそういう知識や技能の獲得に結びついていってほしいと願う声が高くなりつつある。教師が答えを差し出すのではなく，子ども同士が自分たちで考えて一人ひとり納得のいく答えを出し，その答えを使って次の問いを引き出していけるようにしたい。協調的な学習は，そういう場を教室の中に準備して，学びの主権を子どもたち自身にゆだねる学習である。

　世の中で一般的に期待される学びのゴールが上述したように変わってきた理由の1つは，これまで当たり前だと思って享受している考え方が立脚してきたデータや論理自体が実は危うい，あるいは不十分だということがわかってきたために，条件が変わると途端に新しい考え方が求められることが多くなってきているからだろう。環境，経済，国際関係などはみなそういう問題を抱えている。部分的なデータしかなく，それで正解にたどり着けるものではないこともわかっているのだけれど，それでも当面はこれで行ってみようという解を出して，どこまでいけるか確かめつつ，ゴールに近づいたらそのゴールも見直しながら進む，そういう時代になってきたのだろう。ある意味，決まった答えを知っているかどうかで人の価値が定まった社会より，今のほうが健全でやりがいのある楽しい社会だと言えるかもしれない。しかし，それを楽しむには好奇心や探究心に支えられた知的なたくましさが必要である。協調的な学習は，そういった知的なたくましさを育て，たくましさが活きるための雰囲気づくり，コミュニティづくりを目指してもいる。

　必要なデータが不足しているのは，教育分野も同じである。私たちは，私たち自身についても，子どもたちについても，どう学んできて今何を知っているのか，これからどんな経験をしたらどう学んで行けるのかを判断するのに十分なデータをまだ持っていない。子どもたちが熱心に聞き，黙って問題に正解してくれても，そこからは欲しいデータはほんの少ししか出てこない。同じ問いに答えるために話し合い，仮の答えを少しずつつくり変えて行く「過程」がつかまえられれば，それはデータになる。子ども同士の会話を促す協調的な学習

方法は，データ収集方法としても，かなり有望である。子どもたちが資料に引く線，説明用に書くメモ，観察結果をまとめた表やグラフ，話し合う言葉そのものや表情が即そのまま，データになる。

これまで，これらのデータをできるだけ系統的に，しかし子どもから見ると自然に発生させ，その記録を取り，分析して次の授業づくりや学習の理論づくりに役立てる試みは，それほど豊富かつ継続的になされてきたわけではない。教室で協調的な学習を推進することによって得られるデータは，私たちが，そもそも学習とはどのようにして起きるものかを今よりよく理解して，どの段階で何をどう支援するのがよさそうかを今よりうまく判断して，総体としての教育の質を上げるために役立つだろう。協調的な学習のゴールの1つはこんなところにもある。

(3) 話し合いで学びが進む仕組み

話し合っている最中に，それまで思いもかけなかったアイディアが湧き，得をした気分になることがある。誰でも何度か経験しているだろう。あれは，偶然ではない，と，そういう過程をいくつか詳細に分析してみた研究者はみんな感じている。

私自身が分析してみたのは，2人の人が「ミシンの縫い目はどうやってできるか」をじっくり考える過程（Miyake, 1986; 三宅，1985/2015）とか，「折り紙の3分の2の4分の3の部分に色を塗ってください」という問題を2人で解いてもらう過程だったが，いずれの場合でも「2つの役割が交代して，一人ひとりが自分なりに納得できる解を見出す」という同じ現象が観察できた。役割とは，思いついた解を相手に説明する「解提供者」と，聞き手としてそれを受け取って自分なりに理解しようとする「モニター」との2役である。解提供者は，自分なりのデータとロジックで自分の解の正しさを相手に説明しようとするが，自分の考えはそのまま言葉になるものではないので，「言葉にしながら自分の考えそのものを検討し直す」作業を行うことになる。その途中で自分でもまだよくわかっていないことに気づくものだし，特に相手が疑わしそうな目でこっちを見たりすると，その気づきは強くなる。この気づきが，解提供者自身に，わかっていると思っていたことの再検討，言い換えればよりしっかりした理解

への学びを引き起こす。

　解提供者がこうやって忙しく自分のアイディアを言葉に変えたり検討したりして学んでいる間，モニターはただ聴いているだけかというと，実は案外こちらのほうがもっと忙しい。モニターにしてもある程度自分のロジックや当面の解は持っているわけだから，聞いていることを理解しようとしつつ，理解できたことを自分の解と突き合わせて，どこまで無条件で賛成できるか，どこは新しく参考になりそうか，どこからはまったく反対か，理解できないところはどこか，などを相手のペースで判断しなければならない。モニターは，解提供者が「見ている（気持ちの上で見ている，ということだが）」視野より，広い視野から，相手と自分の考えのよいところが両方とも使える活用方法を考えなくてはならない立場に追い込まれている。図式的に言えば，話し手Aが一生懸命自分のアイディアをより良くしようとする学びに従事している間，聞き手BはAのアイディアをBなりに理解してその適用範囲を広げるような学びに従事している。しかもAとBは，時々役割を交代するので，しばらくするとBが解提供者として自分の（最初より適用範囲の広がった）アイディアについて言葉にしながら学び直し始めると，それを受け取るAが今度はそのアイディアの適用範囲を広げる方向で学び直す過程が起きる。私自身は，この現象を，「建設的相互作用」と呼んでいる。

　この「建設的相互作用」が，多人数のいるところで同時並行的に起きるのが，協調学習の基本的な姿である。言い換えれば，協調学習が起こっているときというのは，一人ひとりが，共通の問いに対して，それぞれ独自の考え方を，話し手になって深めたり，聞き手になってその適用範囲を広げたり，という学習活動を繰り返しているときだということになる。協調学習は，グループの学びの形態をとるが，私たちがそこで本当に問題にしなくてはならないのは，それぞれの子どもたちの間の「建設的相互作用」とそれに伴う〈一人ひとりのわかり方の変化〉である。

　したがって，協調的な学習をデザインするには，まず「建設的相互作用」がうまく起きたとき，そこにどんなプロセスが起きていて，どんな特徴があるものかを具体的な活動の形で抽出する必要がある。その上で，教室で「建設的相互作用」を引き起こすにはそういう活動をどう組み合わせたらよいかについて

仮説を立て，現時点でのベストな教案を模索することになる。それでも，実際に何が起きるかは，教室の中でその教案に基づいて授業をしてみないとわからない。同じ先生が同じ子どもたちに同じ単元を2度教えても（そんなことは普通あり得ないが，そういうことがあったとしても），そこで起きる学びは同じではない。けれど実践すれば，1つひとつの授業から，私たちはたくさんのデータを得ることができる。そのデータと真摯に向き合うことによって，私たちは，私たちが目指している協調学習がどこまでうまく起きたのか，変えるべきところはどこだったのか，次に違う条件でよりよい学びを引き起こすにはどうしたらよいかについて，次の仮説を得ることができる。私たちの授業づくりでは，こういうサイクルの繰り返しによって，学習の質を上げようとしている。

(4) 協調的な学習に含まれる下位のプロセス

協調的な学習は，保育園でも自然に起きることがある。保育園の先生が『私の生活保育論』（本吉，1979）という本の中で紹介している例に，「子どもが氷を作りたいと思っていろいろ試しているうちに，どういうときに氷ができるのかかなりしっかりした理解ができるようになった」という話がある。

ある日保育園のプールに氷が張って，子どもたちはその氷で遊んでとても楽しかったらしく，なんとかいつも氷が張るようにしたい，それじゃあみんなで調べよう，ということになった。「じゃあ，帰るとき，好きな容器を選んで水を入れて，好きなところに置いていって，次の朝どこに氷が張るか確かめよう」ということになって（先生がさりげなく提案したのではないかと思われるが，本にはそう書かれてはいない），その活動は10日近く続いた。朝来て比べてみると，同じ青いバケツなのに，「私のには氷ができて，美保ちゃんのにはできない」とか，「まこと君の氷は厚いのに僕のは薄いのしかできない。どうしてなんだろう」などなど次々疑問が湧く。そのうちに今日は同じ場所に置いてみよう，とか同じ容器を毎日少しずつ違う場所に置いてみる，とか様々な試みが出てくる。その結果，子どもたちは，自分たちなりに納得できる理由を見つけようとして，「容器を部屋の中に置いておいたから外のように寒くないので水は凍らなかったんだ」「容器に蓋がしてあったので，水は凍らなかったんだ」など，どうしたら氷ができるか，その条件をかなりはっきり特定できるようにな

った，と報告されている。

　このような例をたくさん集めて，自然発生的な協調学習がうまく起きた場合，そこにどんな特徴があるのかを抽出すると，次のようなことが見えてくる。

①参加者が共通して「答えを出したい問い」を持っている
②問いへの答えを，一人ひとりが，少しずつ違う形で，最初から持てる
③一人ひとりのアイディアを交換し合う場がある，言い換えれば，みんな自分の言いたいことがあって，それが言える
④参加者は，いろいろなメンバーから出てくる多様なアイディアをまとめ上げると「答えの出したい問い」への答えに近づくはずだ，という期待を持っている
⑤話し合いなどで多様なアイディアを統合すると，一人ひとり，自分にとって最初考えていたより確かだと感じられる答えに到達できる
⑥到達した答えを発表し合って検討すると，自分なりに納得できる答えが得られる
⑦納得してみると，次に何がわからないか，何を知りたいか，が見えてくる

　この事例に当てはめると，園児が「好きなときに氷を作るにはどうしたらよいか」という共通した問いを持っていたこと（前述の①にあたる）に対して，「じゃ好きな容器を選んで好きなところに置いていって，どこに氷が張るか確かめよう」という活動は，②に照らして考えると，このプロセスを確実に引き出せる絶妙な活動だったことがわかる。同じ場所に，同じ容器に水を入れて置いておくことができない，つまり物理的な条件が，子ども一人ひとりが独立した「アイディア」を必ず持つこと，を保証しているからである。この特徴が整えば，後は，子どもたちが自発的に持った問いの明確さによって，③・④が保証され，それらがちゃんと機能した結果，ほぼ必然的に⑤と，このクラスに最初から整っている一人ひとり自分で考えることが奨励される雰囲気の中で，それに続く⑥が起きている。前掲書では，この⑤や⑥が期待される程度に起きていたことが園児たちの発話というデータで確認できたと報告されているので，それを証拠として，この一連の活動が協調学習として機能していた，と言えることになる。

　この後の⑦は，参加した個人個人が最初から持っていた問いへの興味や，前提となる知識の違いなど内面的な要因の働きが大きいので，場面を設定しただ

けでこれが必ず起きるという保証がない。逆に言うと，⑦が起きるかどうかは①から⑥までが協調学習として，理解促進という最低限の期待以上に機能したかどうかをテストする着目点として使える，ということでもある。この保育園での実践では，この後，子どもたちが自発的にレンズで光を集めて氷を溶かす遊びを始め，氷のでき方（どの容器でどこに置いたか）と溶け方の間に関係があるかを探る活動が見られたと報告されている。その中で，ひとりの園児が，「発砲スチロールの箱は，なかなか氷ができないのに，なんで氷が速く溶けないの？」という疑問を持ったそうである。彼女にとっては，〈氷ができにくいことすなわち氷と相性が悪いこと〉だとしたら，一番氷ができにくかった発泡スチロールの箱の中に入っている氷は一番さっさと溶けるはず，という考えだったのだろう。私は，大人には多少奇妙に見えても，この問いの立て方はちゃんと筋が通っていて，⑦という成果として認めてよいと思う。この実践は，7つの特徴的なプロセスをすべて引き起こすことに成功している典型的な協調学習の例，ということになる。

(5) ジグソーの型を使った協調学習

前述した7つの特徴を持つプロセスを教室の中で引き起こすために，私たちは，「知識構成型ジグソー法」と呼ばれる「型」を活用している。①から⑦を教室ではどのような仕組みで引き起こそうとしているかを説明しよう。

まず，教えたい単元について，協調学習を取り入れる授業の最後に「子どもに答えられるようになってほしい問い」を設定する。「日本の工業」の優秀さと技術開発の現状を理解することをねらう授業であれば，例えば「今なぜ日本はハイブリッドカーで勝負しているのか」という問いが立ちうるし，「消化と吸収」の単元であれば，消化の仕組みを「体外にある大きすぎる栄養素を，小腸の壁から体内に吸収できるサイズにまで，物理的，化学的な様々なやり方で，小さくすること」ととらえ直すための問いを準備する。教師は，問いを立てた上で，事前に，それらの問いに答えるために必要な部品を解説する「資料」（エキスパート資料と呼んでいる）を数種類準備する。「資料」は，読み物でも，実験や観察でもよい。上述のハイブリッドカーの授業であれば，例えば「環境問題」「販売台数」「技術開発」について，日本の自動車産業の現状を紹介する資

料があればよいだろうし,「消化と吸収」であれば,「栄養素の大きさ」「酵素の働き」「小腸が小さな栄養素を吸収する仕組み」の説明がそれぞれあればよいだろう,といった具合である。この「資料」の選定も,教師が子どもたちにこの授業で「答えられるようになってほしい」ことが何かによって,同じ単元でも少しずつ違ってくるはずである。

　クラスでは,最初に教師の立てた問いを共有することが前述の①にあたる。②を引き出すために,クラスの始めのほうで,「今,どんな答えを思いつくか」を考えてもらうとよい。たいていの子は,この時点で,ある程度の「解」を持っている。次いで,クラスのみんなに教師の準備した「資料」を分担して担当し,その内容を他人に説明できるよう理解することを求める。この活動を〈エキスパート活動〉と呼んでいる。この活動が③を準備する。

　準備ができたら,それぞれのエキスパート活動グループからひとりずつ集まって,今「資料」で準備した部品の内容を統合し,①で共有した問いに答えを出すための新しいグループをつくる。これが,この方法の名前の由来にもなっている〈ジグソー活動〉グループである。「資料の数だけ人が集まると,最初の問いに答えられるよ」という教師の働きかけが④を明示し,グループの活動を⑤へと誘導する。⑤を成立させるために,「資料」の性質やグループ活動の進み方によって,教師が,クラス全体に,あるいはグループ毎に,細かな対応をすることが要求されることもある。

　一定時間後,それぞれのジグソー活動グループから当面出てきた答えと,なぜそう考えたか,を発表してもらう。この活動を私たち「クロストーク」と呼んで,これによってクラス全体の協調的な吟味を引き起こすことをねらっている。この過程で⑥を保証し,⑦の発現を期待する。

　②から④の活動が起きたかどうかは,教室での発言の記録に加えて,「資料」として配ったプリントや子どものノートが使えれば,それらをデータとして分析して確認することができる。クラスの最後に,最初に聞いたのと同じ問いをもう一度聞いて答えてもらう,あるいは書いてもらうと,それらをデータとして⑥が確認できる。クラスで起きていたことへの主観評価やコメント,次に知りたくなったことなどを明示的に集めることができれば,それらは⑦の生起を確認するデータとなる。

(6) 授業者の学びのコミュニティ

「知識構成型ジグソー法」を用いた授業の教材づくりと実践，振り返りのサイクルを通して，大学関係者や小中高の先生方の間にも，あちこちで建設的相互作用が起き，協調しつつ学ぶコミュニティが形成されつつあると感じている。

このコミュニティには，さらに発展の方向性が見えつつある。日々の実践の中で協調学習を目指す授業づくりの苗床は，教科書にある。が，教科書の図や記述をそのまま「資料」にできるわけではないこともわかってきた。幸い，今は世の中が冒頭にあげたような学習を求めており，産業界等からも学校現場で自分たちの専門性を活用してほしいというお申し出がたくさんある。これらの，学校外の力も結集してまた新たな目標に挑んでいきたい。

典型例と言えそうないくつかの授業の指導案と資料は，東京大学CoREFのポータルサイトから電子的に取り寄せることができる（http://coref.u-tokyo.ac.jp/coref_resources/）。明日の授業で試してみたいと思われたら，ぜひ使ってみていただきたい。そこで得られたデータを共有していただければ，大変ありがたい。データを共有し，分析の結果を十分に活用して，教師一人ひとりの実践が，子ども一人ひとりの21世紀を牽引する知力を育んでいければ，と願っている。

3．協調学習—「わかった！」とその先にあるもの—

> 本節は，東京大学 大学発教育支援コンソーシアム推進機構平成24年度活動報告書に収録されたものである。
> 本節では，三宅氏本人の博士論文の事例をもとに，学習者はどんなときに「わかった！」状態になるのかを解説し，実はその「わかった！」状態は，次の「わからない」の準備段階であることを知識の階層構造から指摘している。その上で，学習者はどんなときにその「わかった！」を超えて理解を先に進めるのかを考察し，新しい学びのゴールへ向けた授業づくりへのヒントを示している。

授業の中で子どもたちが「わかった！」と自然に大きな声を出す瞬間に立ち会えると，とても嬉しくなる。滅多に起きないことだからかもしれない。一体何が「わかった！」を引き起こすのだろう？　あるやり方で授業をしたらいつでも自在に「わかった！」を引き起こせるのだろうか？　「わかった！」状態になったらそこで，子どもたちの学びは終わるのだろうか？　対話による協調

学習はこんな問いにどう答えられるのか，探ってみたい。

(1)「自分なりの納得」と「わかった！」

　冷静に考えてみると，私たちは，自分たちが何を「知っていて」，どこまで「わかっている」のかを，案外，知らない。アメリカの研究にこんな例がある。大学生に「ミシシッピ河の長さはどのくらいですか？　この問いに正確に答えられるアメリカの大学生はどのくらいいると思いますか？」と聞くと，正確な数値を答えられる学生の数は多くはなく，大体みんなも知らないだろうと答える。ところが，問い方を少し変えて「ミシシッピ河の長さは3,779 kmです。この長さを正確に答えられるアメリカの大学生はどのくらいいると思いますか？」と聞くと，たいていの大学生ならこのくらいのことは知っているだろうと感じる学生の数がずっと多くなるのだそうだ。2つの問い方の違いは，答えをその場で与えたかどうかの違いである。人は，自分が答えを知っていれば，それが自分が本当に確かめたことがあって前から正しいと知っていた答えではなくても，他の人もそのくらいのことは知っていると思ってしまう。それくらい，私たちの，わかり方への感覚は曖昧であるらしい。

　他人のわかり方のことではなく，自分自身何がどこまでわかっているかについても，人は案外知らないという研究もある。「ヘリコプターは，どうやって飛んでいるか，知っていますか」と聞かれると，たいていの人が「プロペラがまわるから」などと一応答える。その程度には知っている。でもそこで続けて「では，プロペラがまわるとき，ヘリコプター自体がまわってしまわないのはどうしてですか？」と聞かれると，聞かれて初めて自分が知らなかったことに気づく人が多いという（Keil, 2003）。人は，自分なりになんとなく納得できる答えがあるような気がすると，それだけで「答えを知っている」と思ってしまう傾向があるようだ。

　知識構成型のジグソー法による授業は「一人ひとりが，自分なりに納得できる」わかり方を保障しようとする。この表現の前半「一人ひとりが納得できる」のがよいという部分は共感し易いとしても，多くの先生たちが戸惑われるのは後半の方の「自分なりに納得できる」のでよいのか，ということではないか。授業をする以上，クラスのみんなが一人ひとり，教員の伝えたい真実を

「わかって」ほしい。ただそれがそれぞれ「自分なりの納得」で終わると，個性は生きるかも知れないが，上のヘリコプターの例のように皮相的な理解で終わってしまう可能性はないか。教室での「わかった！」が，「ヘリコプターはプロペラがまわるから飛べるんだ」で止まってしまっては，一人ひとりの深い理解につながりそうにない。対話による協調的な学習は，そこをどう超えられるのか，それがはっきりしないと授業改善には使えないだろう。

(2)「わかった！」に到達する過程

こういう問いについて考えるには「わかった！」状態とはそもそもどういう状態かを考えるところから出発する必要がありそうである。先のヘリコプターの例を見ると「わかった」状態というのは，いったん，そこである種の決着をつけることらしい。そ

図1-1　ミシンによる縫い目

の仕組みを「ミシンはどうして縫えるのか」という問いへの答えを探す過程を例に，考えてみよう。

ミシンのことを少しは知っている人に，ミシンの縫い目はどうやってできるかを問うと，「2本の糸が絡まっている」と答える。その絡まり方を図に書いてもらうと，正しく書ける人であれば，図1-1のような絡まり方を書いてくれるだろう。ここまでは，たいていの人は「わかって」いる。ところが，先ほどのヘリコプターの例と同じように，この絡まり方が実際どうやってミシンという機械の中で実現されるのかを考えてみると，これが案外難問なのだ。ミシンで縫っている典型的な状況を考えてみよう。上糸の一端は，今縫っている布に縫い付けられている。反対側の端は，糸巻きの中に巻き込まれている。下糸はどうかというと，その一端もやはり今縫っている布に縫い付けられており，反対側の端は，上からはよく見えないけれども，ミシンの中にあるボビンと呼ばれる糸巻きの中に巻き込まれている。ということは，上糸がミシンの針に導かれてミシンの機械の中に入って行ったとき，そこで下糸に出会ったとしても，どちらも端がない2本の輪が出会うようなものだから，図のような絡み方ができ上がるはずがない。先ほどはしっかりわかっていたと思っていたことが，怪しくなってくる。「わかった！」が段々，その勢いを失っていく。

ところがそういうときに，よくわかっている人が出て来て，「いやぁそれはどこかに端がない限り，この縫い目はできませんよ。どっかに端があるわけですよ。ほら，ボビンって，小さいでしょう？　実は上糸が針に引っ張られて機械の中に入って行くと，そこで上糸の輪ができる。実はその輪がボビンの回りをぐるっとまわって，それから引き上げられてくるんです。つまり，ボビンの中には下糸の端があるわけでしょう？　その端が，上糸の輪の中を通って，図のような縫い目ができるのですよ」と説明してくれると，聞いた人は，いっぺんに「あ，そうか，わかった！」ということになる。二度目の「わかった！」の出現である。

　「わかった！」は，こんなふうに，そこでいったん説明をつけることとも言えるだろう。そうすることは，話がまとまることだから，快感を伴う。嬉しいものである。答えが見つかったのだから，まずはそこで答えが見つかった安心感も味わいたい。だから，人は，「わかった！」を求めるし，「わかった！」ら少なくともしばらくは考えるのを止めるだろう。思考が止められる満足感は大きい。「すっきりする」「簡潔だ」「美しい」「人に説明できる」「この問題じゃなくて，別の問題もこれで解けるかもしれない」。だから，「わかった！」を保障する授業は，認知的にみれば子どもに「好かれる」基本的な性質を持っている。

(3)「わかった！」の先

　しかし，先ほどの説明をよくよく考えてみるとおかしなことに気づく。上糸がボビンの回りをぐるっとまわるといってもボビンが浮いているはずはないから，どうやってそんなことが可能なのだろう？　そう気がついたとき，今「わかった！」はずのことは新しい問いを生む。ここまでわからなければ気にもならなかったはずのことが，気になるようになる。

　これを，図式化してみよう。ミシンには「縫う」という機能がある。この機能がどうやって実現されているのかというと，最初のわかり方では，上糸がどこかから来て，下糸もどこかから来て，上糸と下糸が絡む，という3つのもっと細かい別の機能が集まって実現されていることがわかったと言える。こういう機能の集まりのことを機構と呼ぶことにしよう。機構は機能の集まりだから，実はそこから1つを選んで「これはどうやって実現されるのか」を問題にする

ことができる。上の例で言えば「上糸と下糸が絡む」という機能はどうやって実現されるのかが「わからなくなる」のが，この状態にあたる。それをいろいろ考えてみると，上の例のよく知っている人の説明にあるように，「上糸が針と一緒に機械の中に入る」「機械の中で輪になる」「その輪がボビンの回りをまわる」「上糸が上に引き上げられる」という4つの機能が連なった機構として，説明できる。この機構が見つかると，人はまた「あ，わかった！」という状態に到達する。

つまり，ミシンがものを縫う仕組みのような機械的な話は，ある機能が実現される仕組みを1つ詳しいレベルの機能が連なった機構として説明できる。この説明用の機構はそれ自身機能の集まりなので，その1つを取り上げるとその下にまたその機能を実現している別のもっと細かい機能の集まりとしての機構が見つかる。ミシンの縫い目がどうしてできるかの説明は，こうして際限なく続く機能と機構の階層構造を持っていることになる。機能がどうして実現されるのかが気になっているときには人はわからなくなり，その機能を実現する機構が見つかったときには「わかった！」状態になる。こう考えると「あ，わかった！」は，実は過渡的な段階で，上のレベルの機能を実現する下のレベルの機能の集まりが見つかっただけのことだ。だから，その気になればいつでもその今見つかった機能の1つを取り上げてその機構を問う準備ができた段階，「わかる」は，次にわからなくなるための準備段階なのだとも言える。

(4) 知識構成型ジグソー法が求めるもの

「わかった！」がこのようなものである限り，新しく構築された機構そのものは，その中に必ず「これからまだその仕組みを問うことが可能な機能」を含んでいる。機能と機構の階層構造は，実は機械的なものの仕組みだけでなく，機能の仕組みを問えるものであれば，世の中のものの仕組みや，歴史的な事実の説明などにも使える。新しい機構を構成する機能のうちのどれでも，1つ取り上げて「この機能はどうやって実現されているの？」と問う気になりさえすれば，言い換えれば問い続けて行く姿勢がありさえすれば，そこから次の問いを自分で生み出すことができる。持続的な学びが可能になる。「わかった！」を実現する授業が求めているものは，本当はその「わかった！」で思考がとま

ることではなく，そこから「じゃあ，次，これはどうなんだ？」を自ら問える学びの力だろう。

　ところが人は，そう自らの問いの答を深堀りしようとするものではない。そのことは，この解説の最初に述べたとおりである。この矛盾はどうやって解いたらよいだろう？

　実は，知識構成型ジグソー法に仕組まれた対話による理解を深める活動が，その鍵を握っている。知識構成型ジグソー法の活動に含まれる「わかりかけている人同士の対話」では，建設的相互作用と呼ばれる認知過程が起きる。対話に参加する人が皆ミシンの縫い目問題について「ボビンの中には下糸の端があるから，それが上糸の輪の中を通って無事に図にあるような絡み方ができるでしょ」という同じレベルでのわかり方をしていたとしても，一人ひとりの説明の仕方，説明のためにつくった機構に含まれる機能の表現や数は同じではない。教室でみんなに同じことをわからせようとする授業が，みんなの同じ機構での「わかった！」をつくり出し，同じ「知っていること」「わかっているはずのこと」づくりをねらったとしても，一人ひとりが自分でつくる機構までをも同じにするのは難しい。そういう状態で，みんながそれぞれわかってきたこと，自分でつくった機構を言葉で表現しようとすると，同じ機構であったとしても，様々な表現が出てくる。うまくするっと表現できてしまう人もいれば，つくったはずの機構が説明の途中で瓦解して，新しい表現を求めようともがく人も出てくる。でもその瓦解がその機構に含まれる機能の1つの実現のされ方への疑問につながる人もいて，そういう疑問が起きればそれは次の問いに発展する。対話は，こうやって，その人たちのグループ総体としての「わかった！」思考停止状態を次のレベルの機構探しに導いていく。少なくともそういう可能性が，一人で考えて「わかった！」に満足している状態にいるよりは，ずっと高い。

　「一人ひとりの学びを保障すること」は，基本的には個人の中に，個人がそれまでに構築してきた「わかった！」ことと，今説明されている新しい事柄や新しい経験を取り込んで，一人ひとりが「わかった！」をつくり上げていくことを保障することである。である限り「一人ひとりの学びを保障する授業」の成果は，個人的なものでしかなく，そこには常に思考停止の安心感，満足感がある。でも，だからこそ，そこを超えての「一人ひとりの学び」を保障するた

めには，一人ひとりが自分なりに自分のつくった「わかった！」状態を壊して次に行ける道をつけておかなければならないだろう。人との，特に同じ問題を一緒に解こうと考えて来た仲間との，互いに少しずつわかりかけてきた状態での対話は，似た機構の表現の仕方が微妙に違うからこそ，それぞれの「わかった！」を成り立たせている1つひとつの機能に目を向けて「これは大丈夫か？」を問わせる力がある。

　自分のつくった機構の中身は，自分にしか表現できないから，自分の「わかった！」を破壊できるのも，自分でしかない。ただ，これまでたくさんの建設的相互作用と，大学生を含めての知識構成型ジグソー法の授業での人のもののわかり方の紆余曲折を見てきた限りで言えることは，自分でつくった「わかった！」感を自分で超えて行けるためには，自分の「わかった！」感には必ず次に問うべき問いが潜んでいることを知っているか，その問いを自分で引き出す経験をどれほど積んでいるかが大きく影響しているように感じる。知識構成型ジグソー法の授業が「わかった！」感を引き出すことに成功するなら，その先の自分なりの問いの引き出し方をもまた，今，私たちは授業の中に準備しておかなければならないだろう。

4．私たちがやってきたことをどう評価し，次につなげていくか

> 本節は，東京大学 大学発教育支援コンソーシアム推進機構平成23年度活動報告書に収録された原稿を編者が一部加除修正したものである。
>
> 本節では，新しい学びのゴールに向けて授業を変えていったとき，評価はどのように変わっていくべきなのかについて提言し，こうした新しい評価の枠組みに沿って「知識構成型ジグソー法」を用いた協調学習の授業づくり研究連携の成果を振り返り，今後の展望を描いている。

　私たちが新しい学びのゴールを目指して，新しいタイプの協調学習を実践してきているのであれば，従来の評価方法に加えて，私たちの目指しているゴールに合わせた評価を心がけていきたい。この章では，学びを評価するとはそもそも何をすることなのか，そのおおもとを振り返り，具体的な評価方法を検討する。

(1) 評価を構成する3つの要素

　評価とは，①学んでいる人の知っていること，考えられること，できることなどを何らかの方法で「観察」し，②得られたデータの背後にどんな認知過程が働いているのかを「推測」して，③その背後の「認知」過程そのものの姿をよりはっきりさせる，という3つの要素を組み合わせて次の授業のやり方を決める判断材料とする一連の作業である。これでは少し説明が抽象的なので，具体例を使って考えてみたい。

　連携先のある高等学校で，次のような鎌倉仏教についての知識構成型ジグソー法の授業が実践された。この先生のねらいについては後述するが，鎌倉仏教という単元が扱うのは，日本の統治システムが貴族中心から武家中心へと移行する中で国政と宗教との関係が大きく変わった過渡期であり，「少数の中心人物による大きなイベントを中心とした」歴史観が「たくさんのプレイヤーによるさまざまな階層での異なった思惑による試みが輻輳して作られる」歴史観に変わる時期である。いわば高校生が歴史を捉える根本的な枠組みをダイナミックに変化させる「認知」過程が「観察」できる絶好のチャンスでもある。

　ところが，高校生にとっては，「覚えることが一気に多くなる」印象の強い科目でもあるのだそうだ。したがって，彼らの知っていることや考えていることをうまく引き出す試験問題を作ると，答えの底に，彼らが歴史をどう認知しているかが「観察」できる可能性も高い。今，下のような質問に対して，初めて鎌倉仏教について学んだ高校生AとBがそれぞれ以下のように答えたとしよう。あなたなら，それぞれの生徒が渡してくれたデータをどう「解釈」するだろうか？　これが仮に10点満点の問題で，それに点を付けるとしたら？

======
問題：鎌倉仏教について大事なことを50文字以内で書いてください。

〈生徒A〉
法然浄土宗，親鸞浄土真宗，一遍時宗，日蓮法華宗，栄西臨済宗，道元曹洞宗，いずれも12から13世紀。

〈生徒B〉
国家や学問より武士や農民を大事にする仏教変革。戒律や寄進より信仰を重視。在野

で念仏だけで救われる。
======

　先に述べた評価の三要素から考えると、どちらも同じ質問をしているので、同じ「観察」をしていると言える。ところが、生徒Aと生徒Bの解答は（一応内容的にはどちらも間違ったことは書いていないが）相当違う。ふたりが考えていそうなことも随分違って見える。Aが引出してきたのは、いわば事実の詰まったファイリング・キャビネット。その内容も相当整理されているらしい。Bが引出してきたのは、鎌倉仏教の意味や意義についての自分なりのまとめである。これらの解答への評価は、教えたことに対して生徒がどんな「頭の働かせ方（つまり「認知」過程）」をしてほしいか、と、これらの解答のどちらがその想定した望ましい認知過程に近いか、に依存する。

　ちなみに、この授業を実践してくださった先生の「問い」は、〈タイから来た留学生から、「なぜ日本のお坊さんは結婚しているんですか？」と聞かれたら何と答えるか〉というものだった。この「観察」の仕方には、この先生が生徒に期待する「認知過程」と、この先生の「推測」の仕方が反映されている。授業のはじめに聞かせた念仏のCDには笑い合っていた生徒たちが、終了時に同じCDを流したときには聴き入っていた、という。CDを聴く様子を「観察」する（しかもそれを授業前後で、先生にとってだけでなく生徒自身が違いを体感できるようにする）ことも、その裏に起きている生徒の「認知」過程を「推測」する十分な評価のチャンスになる。このクラスの生徒たちが授業の最後に書いてくれた問いへの答えは、全員、Bタイプだった。こんなふうに、評価はある一人の教員の授業づくりから授業中の行動、その後の授業づくりまで、実践のすべてに関わっている。

(2) 新しいゴールに向けて授業をどう評価したらよいか

　東京大学CoREFでは、学びのゴールを、「今ここ」で教えたことが教えたとおりにできればよいだけではなく、将来、学んだことを教室から「持ち出して」、必要になったときにきちんとその場の要請に合わせて「うまく使えて」、さらにはその学びを土台に、次の学びを「積み上げて発展させる」ことができるところに置きたい。これらのゴールにちょっと固い名前をつけるなら、

- 教室の外，学校の外に持ち出せる「可搬性」
- 必要なときにうまく使える「活用性」
- 後から積み上げて発展させうる「修正可能性」

とでも呼べるだろうか。これらを，できれば遠い将来ではなく，1回の知識構成型授業の中で，なんとか評価する方法があるとよい。これらを，具体的に考えてみて，今私たちがどこまで来ているかを概観しよう。

　知識構成型ジグソー法の基本的な枠組みを用いた授業では，まず建設的相互作用を引き起こすための問いを提示し，その時点で各自自分の考えを書いてもらって明示化する。これが初期値の「観察」になる。その後，エキスパート活動，ジグソー活動の間中，子どもたちは，自分たちの考えていることを言葉にして，私たちに提供してくれる。これらはすべて「観察」のチャンスで，この記録がうまく取れるかどうかは，今後，私たちが今やっているような連携事業を本格的に評価できるかどうかの決め手になる。今の所，私たちにできることは，子どもたちが書いてくれているメモなどを集めてコピーしておいたり，発話をレコーダで記録したり，グループやクラス全体の雰囲気を録画しておいたりすることである。先生方に余力があれば，先生方が授業中に取られるメモも貴重な観察データになる。そして授業の最後には，子どもたちに，問いについての各自の答えを書いてもらって授業直後の到達点を「観察」する。1回の授業からこんなふうに，一人ひとりの児童生徒についてこれだけ大量の観察データが得られる所も，協調学習の利点である。授業後にお願いしているアンケート，先生方へのインタビュー，定期考査，関連した授業の際の振り返り，あるいは時期を置いてからの意図的な再質問など，授業の後からも様々なチャンスで「この授業」の効果を「観察」できる。授業中に得られる観察データと，その後に時折やってくるチャンスに得られる観察データを組み合わせると，評価できる観点も広がっていく。

①授業成果の評価―学んでほしかったことは学ばれているか―
　1回の知識構成型ジグソー法の授業が私たちのねらいどおりの認知過程を引き起こしたかどうかは，端的には授業直後に子どもたちが書いてくれる「問いへの答え」に表出されるはずである。これまで私たちが分析してみた範囲では，公開された授業のすべてで参加したほぼすべての子どもがその日ねらったゴー

ルに向けて理解を進めたと見なせる記述をしており，ほとんどの授業で授業者にとっても納得のいく学習達成が得られている。また，協力してもらっているアンケートの結果からは，小中学校で参加児童生徒の8割以上，高校生の6〜7割が授業を「楽しかった」「またやりたい」と評価している。これらの数値が，クラスサイズやいわゆる学校の「学力」レベルによらないことは，私たちの連携事業が成し遂げてきた1つの大きな成果だと感じている。

②学んだ成果の「可搬性」「活用性」「修正可能性」の評価

　これらは，その定義本来の意味から言えば，子どもたちを放課後や卒業後も続けて観察して評価しなければならないが，こういうところには認知科学や学習科学の成果が使える。例えば，これまでの研究により，多肢選択型の観察で得られたデータより記述型の解答データのほうが「可搬性」や「活用性」を保証してくれることがわかっている。したがって，授業後に「自分なりにわかったこと」を書いてもらう観察で上述したような積極的な成果が得られていることは，私たちの実践成果の可搬性，活用性も高いことを予測させる。実際今年度の実践では，先生方が数名自発的に，授業が終わった数週間後，数か月後，また1年後などに連携で実践した授業について児童生徒が覚えていることを聞き出す「観察」を行って下さった。その報告によると，先生方の期待以上に詳細に覚えているという。

　さらに「修正可能性」についても，積極的な成果が散見される。例えば，「複合図形の面積」について，それぞれの式から求め方に名前をつけて，求積のコツを考えた授業で，ごく自然な形で次の学習事項である三角形の面積が求められるようになったなどという事例は，小さいスパンでは有るものの「修正可能性」な知識の芽生えを推測させる。他にも先生方の事後報告の中に，「次の学習への意識のつながりが生まれる」「普段の授業でも「なぜ？」という疑問を持つようになってきた」などの記述が得られている。この形の授業から子どもたちが独自に，自分なりに「次に知りたいこと」を見つけ出してくる事例の報告も多い。学習科学の研究は，こういう自発的な発問が修正可能生を支える可能性も指摘している。今後の事例の蓄積を期待したい。

(3) 今後の発展のための Network of networks

　これらの評価は，多様な授業に対して一律に行えるものではない。私たちが実施している連携事業の強みは，多様な学びを多様な先生方により多様に引き起こしつつ，その中に，個別の事例として私たちの共通のゴールに合致した成果が上がってくることである。今のところ，求めたい成果が上がってくる例を集めてよしとしているが，今後は成果の全体像の中で，求めていた成果だけでなく一貫してみられる成果の傾向を捉えていける努力をしたい。その上で，連携事業の本当の姿がはっきりしてくる。

　連携事業の持続的な発展のためには，こういった新しい評価について，実践的に検討していく大きな仕掛けが必要になる。現在の連携は，校種や教科の近い先生方の部会という小さなネットワークを次々につなぐ「実践の Network of networks」から主には成り立っているが，この他に，この事業の展開として今後，少なくとも以下の2つの新しいネットワーク群が必要になる。

（1）　教材作りを通しての社会人プロの，様々な専門性による小さなネットワークのネットワーク—異なる大学，各種学会などにある教育支援ネットワーク。
（2）　学習過程の記録を取り，分析する技術開発のためのネットワーク—協調学習の過程で起きる多様なデータを収集し，そこに見られる傾向の一貫性を見出していくために，現在手が届き始めている広い意味での情報処理技術の開発と実践的な試験運用が必須になる。関連企業，ロボティクスやセンサ技術など人との調和のよい情報システム関係の研究者をつなぐ新しいネットワークを構築し，試験的な稼働に向けて準備中である。

　これらのネットワークを少しずつつなぎ，それぞれの持ち味を活かすことによって，私たちは今後も，新しい学びの実現に向けて歩み続けて行きたい。

参考文献

Bransford, J. D., Brown, A. L., & Cocking, R. R. (Eds.) (1999). *How people learn: Brain, mind, experience, and school*. Washington, D. C: National Academy Press. （森敏昭・秋田喜代美（監訳）(2002). 授業を変える—認知心理学のさらなる挑戦　北大路書房）

Keil, F. C. (2003). Folk science: Coarse interpretations of a complex reality. *Trends in Cognitive Science*, 7(8), 368-373.

三宅なほみ（1985/2015）．理解におけるインターラクションとは何か　佐伯　胖（編）　コレクション認知科学2　理解とは何か（1985年版　認知科学選書4　理解とは何か）東京大学出版会　pp. 69-98.

Miyake, N. (1986). Constructive interaction and the iterative process of understanding. *Cognitive Science*, 10(2), 151-177.

三宅芳雄・三宅なほみ（2014）．教育心理学概論　放送大学教育振興会

本吉圓子（1979）．私の生活保育論　フレーベル館

白水　始（2010）．協調学習と授業　高垣マユミ（編）授業デザインの最前線Ⅱ　北大路書房　pp. 136-151.

Shirouzu, H., Miyake, N., & Masukawa, H. (2002). Cognitively active externalization for reflection. *Cognitive Science*, 26, 469-501.

第2章

実践例

　本章では，第1章で紹介した「協調学習」の基本的な考え方に基づき，「知識構成型ジグソー法」の型を用いた実践の例を紹介する。

◎実践例の見方，評価の考え方
(1) 本章の構成
　はじめに本章の構成について示す。第1節では，本章で扱う実践例の見方，その背景にある私たちの評価の考え方について概述する。続く第2節以降では，国語，地歴，数学，理科，外国語の5科目における「知識構成型ジグソー法」を用いた実践の例を紹介する。
①紹介する実践例について
　東京大学CoREFでは，平成22年度から，全国の小中高等学校，都道府県及び市町の教育委員会等と連携しながら，「知識構成型ジグソー法」を用いて「協調学習」を引き起こす授業づくりの研究連携を行ってきた。特に高等学校における授業改善については埼玉県教育委員会と緊密な連携を行い，中核教員による研究推進事業（平成22年度〜），初任者研修への導入（平成24年度〜）等，幅広く実践研究を展開してきた（飯窪・齊藤，印刷中）。現在，埼玉県では全日制高校や定時制高校，普通科高校や専門高校，すべての生徒が4年制大学への進学を希望している高校や進路多様校と様々な高校において，17の教科で実践研究が進んでいる状況である。

本章では，この埼玉県との研究連携事業で中核的に研究推進を担ってくださっている先生方のうち5名の実践を取り上げている。本来はもっと多くの実践例を取り上げたいところだが，紙幅の都合で5本に絞っている。また，本書をお手に取られるであろう先生方のボリュームゾーンのご関心を考慮し，今回は上記5教科について進学校での取組をメインにご紹介することとしている。そのうえで是非進路多様校での実践例もご覧いただきたいということで，理科で進路多様校での実践を取り上げた。

　私たちの研究の進め方の特徴でもあるのだが，「知識構成型ジグソー法」という1つの授業の型と後述する授業の振り返りの視点，書式を共有していることによって，ご自分の教科以外の授業における生徒の学びも見えやすくなるし，他教科の実践例から学べることも多くなる。ご自分の教科に限らず，いろいろな教科の実践例をご覧いただければ幸いである。

　なお，本章で取り上げられなかった実技教科等での実践については，続く第3章で補足している。また，埼玉県教育委員会をはじめ，連携の教育委員会等では随時，研究授業を公開している。その情報は東京大学CoREFのホームページ（http://coref.u-tokyo.ac.jp/）にも掲載しているので，一度実際に足を運ばれて，生徒たちの学びの様子をご覧になるチャンスを持たれることもお勧めしたい。

②**実践例の紹介の仕方について**

　本章の実践例はすべて次のような構成でご紹介している。

---

(1) 実践の概要…………実践したクラス，授業デザインの概要を紹介し，実際に，その授業で生徒が何をどのように学んでいたかを授業前後の解答の変容とグループでの対話の中身から評価し，解説
(2) 授業案………………その授業のデザイン。項目については後述
(3) 教材…………………その授業で実際に生徒が使用したプリント類
(4) 振り返りシート……授業者が生徒の学びの記録に基づいて授業を振り返り，授業デザインの改善点を検討したシート
(5) インタビュー………「知識構成型ジグソー法」の授業づくりについて，授業者に行ったインタビュー

（2）（3）（4）は授業者の先生が作成されたものである。なお，東京大学CoREFの研究連携では，基本的にこの3点セットを授業者の先生が作成し，蓄積・共有を行っている。（1）は東京大学CoREFの研究者がワークシートや対話記録など生徒の学習の記録を基に執筆した。（5）は東京大学CoREFの研究者が授業者の先生に行ったインタビューを編集したものである。

（2）の授業案，（3）の教材を参照していただきながら，（1）の解説から授業の中で生徒が何をどのように学んでいたかを，（4）の振り返りシートから授業者の先生が生徒の学びをどのように捉え，それを基にご自分の授業のデザインをどのように振り返り，次の授業のデザインにつなげようとしているのかをご覧いただきたい。また，（5）のインタビューでは，今回扱った教材についてだけでなく，長く実践を続けられてきた先生方がお考えになる「知識構成型ジグソー法」の特徴や教材作りのポイントについて語っていただいている。五者五様の語りの中に共通して見えてくるものが，私たちの大事にしたい主体的・協働的な学びを引き出す授業デザインの肝であったり，そうした授業をデザインする力量を教師が形成していく際の肝であったりすると確信している。

（2）授業デザインと評価の考え方
①背景となる考え方

ここからは，上記の解説や授業案，振り返りシートのフォーマットに通底している私たちの授業デザインと評価についての基本的な考え方をご紹介して，本章で使用している各種フォーマットの意図についてご説明したい。

第1章でも解説しているように，私たちが「協調学習」と言ったときに一番問題にしているのは，対話を通じて一人ひとりの生徒が自分なりに表現できる解の質をどう上げていったかである。別の言い方をすると，それぞれのジグソー班がグループとしてどれだけの達成ができたかや個人がその中でどれだけ活発に活動していたか，ではない。

建設的相互作用を通じて考えを良くしていく能力を人が潜在的に持っているとすると，その能力を発揮できる学びの場を準備してあげられれば，人は基本的にそれぞれの仕方で協調的な問題解決に取り組んでいける。ただし，そのときの相互作用のあり方は，実は多様である。この後の事例でも紹介しているが，

他者とのやりとりを通じて自分の考えをよりよくしていこうとするとき，すべての生徒が同じように振る舞うわけではない。思ったことをまず口に出してみるような関わり方，相手の言っていることを逐一自分の言葉に言い換えながら理解しようとしていく関わり方，仲間のやりとりをじっと聞きながら自分の中で考えを成熟させて，鶴の一声を発するような関わり方もありうる。

　だから，対話的な学びと言っても，活動の見た目のみから学びの質を評価することは難しい。そのため，まずは対話を通じて各自が自分で表現できる考えの質をどのように深めたかを評価の主眼にしたい。

　この個人の考えがどう変容したのかを見取るための仕掛けとして，知識構成型ジグソー法では，一連の学習の最初と最後に同じ問いに対して答えを出してもらうステップを設けている。同じ問いに対して授業の最初に生徒が答えられていたことから，エキスパート，ジグソー，クロストークの建設的な相互作用を経て個々の生徒が独力で表現できることの質がどのくらい深まっているのかを評価したいためである。

　授業の最後はともかく，なぜ授業の最初にも同じ問いを聞くのか。初めてこの手法に触れる先生方には疑問に思われる方も多い。こう考えてみてほしい。授業の最後に先生が期待された答えをほとんどの生徒が書けていた授業，逆に，授業の最後に生徒が書いていた解答が先生の期待の半分程度だった授業があったとして，それだけの事実をもって，前者の方が後者より生徒の学びが深まった授業だと言えるだろうか？　授業後の答えだけを見たらそう推測せざるを得ない。

　しかし，こうした場合，授業前の生徒の答えを集めておくと，印象がガラッと変わるケースが実は結構あるのである。授業前の生徒の答えを見てみると，前者のクラスでは，授業の最初から多くの生徒が授業後とほとんど変わらない解答が書けていたかもしれない。逆に，後者のクラスでは，授業前に生徒は課題についての既有知識が乏しい状態で，そこからなんとか本時を通じてここまで理解を深めていった状態かもしれない。そう考えると，生徒の授業前の答えを集めておくことは，その授業で生徒の理解がどのように深まったかを推測するうえで有力な手がかりになる。

　また，この手がかりは同時に，授業者の側が授業のデザインを見直す手がか

りにもなる。先ほどの例で言えば，授業の最初から生徒が期待する答えを書けていた場合，この授業は生徒の実態に対して課題が低すぎて学びが少なかった授業だと言えるだろう。逆に，授業前に生徒がほとんど的外れの答えしか書けていなかったのが授業後には期待の半分程度の答えが書けるようになった授業の場合，前者のクラスよりはこの1時間学んだ甲斐のある授業だったと言えるだろうし，次時以降のさらなる学びの深まりが期待できそうである。同時に，授業者としては普段の授業で教えていることが生徒にどのくらい定着しているかを改めて注意しなくてはいけないということもわかる。

以上をまとめると，授業デザインと評価について2つの指針が立ってくる。1つには，本時で生徒が何をどう学んだかを評価したいのであれば，授業後だけでなく授業前にも問いに対する答えを聞いておくとよいだろうということ，もう1つは，本時で生徒が何を学んだかの評価は，本時に教師がどのような生徒実態の見立てに沿って，何を目標に，どんな問いを立てて授業をデザインしたかと不可分であるということである。

主体的・協働的な学びの場面では，学びの主導権は生徒にあるが，そこで生徒が何をどう学ぶかについては，教師がどんなゴールに向けて，どんな問いを設定し，どんな教材を準備したかによる部分が実は大きい。例えば，問いの聞き方ひとつで，生徒が考えること，答えてくれることは大きく変わる（詳しくは次章参照）。そう考えると，生徒が本時に何をどう学んだかに基づいて，教師の側が本時の授業のデザインを見直していく作業を不断に続けていくことが生徒が主体的・協働的に学ぶ授業づくりには求められるということになるだろう。

②**授業デザインと振り返りのフォーマット**

こうした考え方に基づいて，東京大学CoREFでは，授業デザインと授業の振り返りシートのフォーマットを設けている。

a）**授業デザインのフォーマット**

授業案と称する授業デザインのフォーマットの中心となるのは，「メインの課題」とそれに対する「児童生徒の既有知識・学習の予想」および「期待する解答の要素」である。本時で生徒に考えてほしい課題を明確にし（「メインの課題」），それに対して授業前に生徒がどんなことを書けそうなのか，生徒の既

有知識の実態を見積もり（「児童生徒の既有知識・学習の予想」），それが授業後，どのように深まってくれるとよさそうなのか，教科の本質に即して期待する解答に含まれていてほしい要素を設定する（「期待する解答の要素」）。

　授業をデザインしていく際には，これまでの学習の流れを踏まえて，本時の生徒にとってちょうど取り組みがいのある課題とはどのようなものかを生徒実態から考えたり，この課題に対してどんな答えを出してくれれば教科の本質に即して深まりがあったと言えそうかを明確にしたり，その答えを引き出すために具体的にどのような発問，課題提示を行うかを検討したりを行き来しながら，授業の骨組みを固めていく。また，本時の「児童生徒の既有知識・学習の予想」から出発して「期待する解答の要素」に至るために，どんな部品が必要になるのかを考え，エキスパートの設定を行っていく。

　こうした授業デザインの作業は最初はなかなか一筋縄ではいかないが，教科のねらいについて同じ教科の仲間と意見交換する以外にも，生徒の実態について校内で意見交換したり，また「人はいかに学ぶか」の理論や経験則に基づいていろんな先生方とプリント作りや活動の持ち方などについて意見交換したりしながら，案を固めていく。他教科の先生方に「生徒役」になってもらって，実際に教材に取り組んでいただくような検討方法も有効である。

b）振り返りシートのフォーマット

　こうしてデザインした授業で実際生徒がどのように学んでいたかを生徒の学びの記録に基づいて振り返るためのフォーマットが振り返りシートである。振り返りシートでは，ひとまず3名の生徒の授業前後の解答を比較して，どのような理解の深まりが見られるかを評価してみることを求めている。これと，授業中に見えた生徒の学習の様子を基に，本時の授業の改善点を検討していく。

　どんなによく練られた教材でも，あるいは他の教室で素晴らしい学びを引き出した教材でも，前提となる生徒が変われば同じ学びを引き出せるわけではない。だから，教材そのものを改善していくことと同じかそれ以上に，この教材を使ってどんな生徒においてどんな学びが引き出されたか，それに対して授業者はどのような改善点を見出したかを蓄積していくことが，授業者本人の学びとしても，またこの教材を次に使ってみようとしたり，それを見て学ぼうとしたりする仲間にとっても有益だろうと考えている。

◎実践例の見方，評価の考え方

もし余裕があれば，前後の解答の比較は3名だけでなくすべての生徒でやれるとよりよいだろう。期待する解答の要素に即して，キーワードが授業の前後でどのくらい出現していたかの分析を行ってみたりすると，クラス全体の学びの傾向をより俯瞰的に捉えることもできる。また，気になったグループだけでもICレコーダを置いてみて，授業中の生徒の対話を聞いてみることができると，さらに生徒が何をどう学んでいたかについての推測が豊かになる。次節以降の解説では，こうした視点からの分析も加えている。

　授業における一人ひとりの生徒の学びを捉えようとする試みを通じて，私たちは「人はいかに学ぶか」についての理解や「生徒の学びを見る目」を豊かにし，次の授業でよりよい学びを引き出すデザインを可能にしていくことができる。そうした取組の一例として，続く事例をご覧いただければ幸いである。

（3）事例についての補足

　続く節に紹介している事例に登場する生徒の名前はすべて仮名である。また，本文中や図表に登場する生徒の記述や発言はすべて原文のままとしている。発言は，ICレコーダで記録したものを研究者が書き起こしたものである。

　本文中に出てくる「エキスパートA・B・C」のような表記は，生徒がエキスパート活動で担当した資料・グループを表している。今回掲載した5つの授業では，問いに答えを出すための部品として，A・B・C3つのエキスパート資料・グループを設定している。ただし，エキスパート資料・グループの数については2つや4つ，稀にそれ以上でも実践されているケースもある。

参考文献
飯窪真也・齊藤萌木（印刷中）．実践と省察のサイクルを支える教員研修体系とネットワークの構築　大島　純・益川弘如（編）教育工学選書「学びのデザイン：学習科学」ミネルヴァ書房

国 語

『伊勢物語』での実践例
「平安貴族たちが求めた『雅』とは？」

(1) 実践の概要

　本節で取り上げる実践は，埼玉県立大宮高校畑文子教諭によって高校3年生古典Bで実践された『伊勢物語』の授業である。生徒数は41人である。

　大宮高校は，埼玉県内でもトップクラスの共学の進学校である。実践は3年生の文系選択の生徒たちを対象に9月の半ばに行われた。畑教諭は，3年間の古文の学習の進め方について，1年生を文法理解，2年生を多読，3年生を読解力の強化・練習，文学作品としての鑑賞・評価と位置づけている。本時のクラスの生徒たちは大学入試に向けた古文読解の経験もある程度重ねてきており，初見の文章の現代語訳を行ったり，ある程度の古文常識をもとにストーリーを解釈したりすることができる実態である。

　今回の授業は，そうした生徒たちに，作品や背景世界の理解を深めるような読みを行わせることを目的に実施された。『伊勢物語』の3つの段をエキスパートとして，「平安貴族たちが求めた『雅（みやび）』」について考えるジグソーを3回連続で行う授業デザインを通じて，「雅」を手がかりに『伊勢物語』を成立させた時代の背景やその時代における美意識・価値観を探ることで，生徒が作品世界に対するイメージを捉え直し，論拠をもって表現することをねらった。本時（1/3時）の授業デザインを表2-1に，3時間の単元計画を表2-2に示す。

　生徒たちは3時間の授業を通じて一貫して「平安貴族たちが求めた『雅』とはどのようなものだったのだろうか」の課題に取り組んだ。エキスパート活動ではそれぞれの段を読解し，そのエピソードにおける「雅」な点について考え，ジグソー活動でそれぞれの読み取ったストーリーと「雅」な点を持ち寄り，課題について「気づいたこと・考えたこと」と「解決できなかったこと・次回への課題」をまとめた。エキスパート活動は普段の座席が近いものどうし，ジグソー活動は毎時間異なるランダムグループで行われ，前回の授業での理解や疑

表2-1 『伊勢物語』の授業デザイン（1/3時）

課題 （3時間共通）	平安貴族たちが求めた「雅」とはどのようなものだったのだろうか
エキスパートA	第三段「ひじき藻」，第四段「西の対」
エキスパートB	第五段「関守」
エキスパートC	第六段「芥川」
期待する解答の要素 （3時間共通）	①伊勢物語の世界観を考えるための新たな視点を発見し，それに基づいて論じることができる。 ②伊勢物語を読んで漠然と感じたことを，論拠を以て明確に主張することができる。

表2-2 『伊勢物語』の単元計画

1時	導入　第一段「初冠」を読んで個人で課題について論じる 表2-1のエキスパート活動，ジグソー活動	
2時	下記3つの資料でエキスパート活動を行い，ジグソー活動	
	エキスパートA	第二四段「梓弓」
	エキスパートB	第四一段「紫」
	エキスパートC	第六十段「花橘」
3時	下記3つの資料でエキスパート活動を行い，ジグソー活動。最後に個人で課題について論じる	
	エキスパートA	第九七段「四十の賀」
	エキスパートB	第一二四段「われとひとしき人」
	エキスパートC	第一二五段「つひにゆく道」

問点について新しい班で意見交換することも奨励された。

（2）学習成果―授業前後の理解の変化から―

　「平安貴族たちが求めた『雅』とはどのようなものだったのだろうか」という課題に対して，3時間の授業を通じて生徒が論述できることがどのように変化したかを量的に分析してみたい。まず，単純に記述量を比較すると，一連の授業の最初に10分間で各自が論述した際には平均66.4文字，一連の授業の最後に20分間で各自が論述した際には平均315.9文字と記述量が5倍弱に増加している。なお，授業前の論述では，ほぼすべての生徒が10分経過前にペンを止めており，活動時間の違いは結果に大きな影響を与えないと考える。

　次に，内容面での変化を測るために，「雅」の捉え方について，多くの生徒が扱った「『雅』な心理や態度について」，「和歌と『雅』との関係」という2つの

内容に対して、分析指標としてそれぞれ3段階で視点の深まりのレベルを設定し（表2-3, 2-4），各レベルにあたる論述が授業前後の記述にそれぞれどのくらいの割合で見られたかをグラフで示す（図2-1, 2-2）。

いずれの内容についての分析指標も，「雅」に対して生徒が持っている素朴なイメージだと思われるものをレベル1に設定し，そこから視野を広げ，思考の抽象度が高まったものをレベル3と設定した。どちらの指標についても，授業前から授業後にかけてより高いレベルの記述の割合が増加していることがわかる。表2-5は，それぞれのレベルの記述の例である。

また，授業後の記述には，生徒が学習を通じて視点を多角化させたことが伺える記述も見られた。例えば，「『雅』の普遍性や時代性への言及」にあたるような記述（例：現代で言うとブログとかツイッターとか，自らが言いたいこと

表2-3　雅な心理や態度の捉え方についての分析指標

レベル	「雅」の捉え方
1	優雅な，上品な態度や振る舞いが「雅」である
2	激しく人を愛する気持ちが「雅」である
3	他者の心を動かすような人の心の動きが「雅」である

表2-4　和歌と雅との関係の捉え方についての分析指標

レベル	「雅」の捉え方
1	和歌に表現される作り手の教養や技巧，表現力が「雅」である
2	思いを直接ではなく和歌に託して伝えること自体が「雅」である
3	「雅」は作り手と受け手の共通理解や相互作用で成立するものである

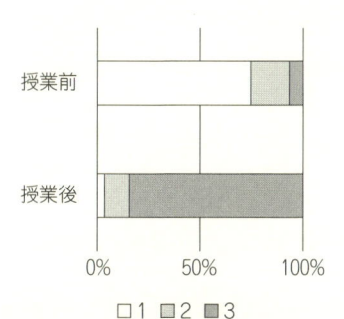

図2-1　授業前後の理解の変化
（雅な心理や態度の捉え方）

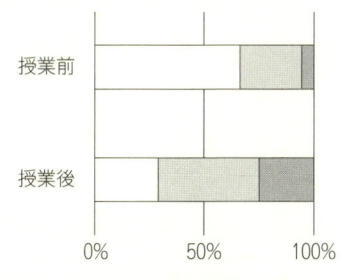

図2-2　授業前後の理解の変化
（和歌と雅の関係の捉え方）

表2-5　分析指標の各レベルにあたる記述の例

内容	レベル	記述の例（生徒記述からの抜粋）
心理態度	1	風流なものや趣のあるもの
	2	雅とは人を愛する人が恋しさや悲しみを賢明に和歌で表現しようとするその有様に人々が感じる心動かされるものである
	3	自らの感受したこと，心の深いところにあるものを表出させようとする試みそのものが「雅」とされ，理想化されたのではないだろうか
和歌	1	日常で感じたことを，歌にしたり，過去の人の考えと結び付けたりして即座に表現できるような教養の深さや表現力
	2	わざわざ口で言うのは不粋であるとされ，和歌で表すことそれ自体がまず雅とされた
	3	おそらく，平安貴族たちは歌を聞いただけで相手が何を思っているのか，何を伝えたいのかを理解することができたのだろう。そしてこれは読み手と聞き手，双方が相手が一定以上の「雅」を理解できることを認めて初めて成り立つものであると私は思う。すなわち「雅」というものは，平安貴族にとって必要不可欠なセンスであったのではないか

を言って，皆の共感を得ることで喜び，楽しみを得る道具なのかもしれない）が26.8％の生徒から，「学習を通じて自身の『雅』観の捉え直しが起こったことに対するメタ認知的な言及」にあたるような記述（例：私は「雅」とは優雅で華々しい振る舞いだと勝手にイメージしていた）が同じく26.8％の生徒から得られた。こうした記述は授業前にはまったく見られなかったものである。

（3）ジグソー活動における建設的相互作用

　こうした生徒の論述の深まりはどのように形成されたのか。ジグソー活動における生徒のやりとりを見てみると，具体的なエピソードを基に自分たちの最初のイメージとは違う「雅」を言葉にして位置づけなおそうとするような対話が見られる。以下に示すのは，第1時のジグソー活動中のあるグループの対話である。メンバーは，松井さん，八田さんという女子2人と藤川くんの3人で，それぞれがエキスパート活動で読んできた段について情報共有をしている場面である。

　話題の中心になったのは八田さんが読んできた第三段「ひじき藻」で男が「ひじき藻」を恋する相手に送るという生徒たちの感覚では理解しがたい行為の意味についてである。与えられたエキスパート資料には，〈ひじき藻…（食用の海藻）「ひじき藻」と「引敷物」（夜具）との掛詞〉という注釈がついてお

り，この段の鍵になる「思ひあれば葎（むぐら）の宿にねもしなむひじきものには袖をしつゝも」の歌の意味の解釈は，この生徒たちにとっては比較的容易に可能である。それでも「掛詞のためにひじき藻を送った」という行為自体はなかなか納得できないようで，何度も違う言い方で行為を意味づけようとする様子が見られる。

八田：ちょっとさ，みんなでひじき解読しない？
松井：送ったんだ。
八田：そこがさー，想ってる女にひじき藻送ったわけでしょ？で，思いあらば…。想いがあれば，貧しそうなところに寝るところもいといませんよ，はわかるじゃん。で，何でひじきが出てくるの？っていう。
藤川：うんうん。
八田：普通に送ったからあれしただけかな？
藤川：うーん，それもある。掛けるために…。
八田：それを掛けるために送った。ひじきものを和歌に書きたいからひじき藻を送った。
松井：結局，私の袖で夜，敷物にして一緒に寝ましょうっていうことでしょ？
八田：あ，そういうことか。
藤川：そういうことか。
八田：だから，あなたが今貧しくてもかまいませんよ，私はいけますよ。で，ひじきものを書きたいからひじき藻を送って，で，私の袖でどうこうっていう，あぁそういうことね。
松井：わかんない。もしかしたらこのひじき藻めっちゃおいしいんですよ，っていう名産とか。
八田：名産ね。
藤川：普通は送んないよね。
八田：聞いたことないよね。
（中略）
八田：よく見たら，（注：資料の）タイトルがひじきのプレゼントなんだよね。
松井：伊勢物語だから伊勢の特産。
八田：髪の毛つやつやになってくださいみたいな。
　　　雅としては結局一緒だよね。和歌にのせて歌うこと自体が雅。

松井：(他の班の話に耳をそばだてて)どこもひじきが話題になってるわ。
八田：だよね。
(中略)
八田：和歌はひじきに添えてたって見方でいいんだよね？
藤川：そうだよね。
松井：(「ひじき藻」を電子辞書で検索している)ひじき，いちおう春の季語って書いてあるけど，何を調べても伊勢物語のこの部分しか出てこない。
八田：(こちらも自分の電子辞書で検索しながら)そうだね，春だね。で，「ひしきもの」と掛けて用いられる，通例掛け言葉として用いられるって書いてある。やっぱりだからそっちに掛けたいから。
藤川：掛けたいから用意した。
八田：通例，掛け言葉として……。
松井：なるほどね。そこまでしてうまい歌を詠もうとしたと。わざわざ取り寄せてわざわざ送るほど，歌を……。
八田：ひじきもののためにわざわざ現物も用意しましたってね，そういうことだよね。
藤川：天才ならやりかねない。

　八田さんがエキスパート班で十分に解釈できなかった「ひじき藻」の和歌をジグソー班みんなで考えている。八田さんは当初「普通に送ったからあれしただけかな？」とひじき藻を送ったのでこの歌を詠んだと解釈していると思しき発言をしているが，藤川くんの「うーん，それもある。掛けるために…」という発言を受けて，「それを掛けるために送った。ひじきものを和歌に書きたいからひじき藻を送った」と因果関係の捉え直しをしている。この2人に，松井さんは「引敷物」の解釈から和歌の現代語訳を提示し2人を納得させているが，松井さん本人は「名産」という解釈をあげるなど，ひじき藻自体に贈り物としての価値があったという可能性もまだ検討している。
　その後も電子辞書を使って調べるなど，なんとかひじき藻自体の持つ意味合いを見出そうとするが，辞書にもこの段の掛詞のことしか出てこないことから，「やっぱりだからそっちに掛けたいから」「掛けたいから用意した」と改めて言葉にし，最後は「そこまでしてうまい歌を詠もうとしたと。わざわざ取り寄せてわざわざ送るほど，歌を…」「ひじきもののためにわざわざ現物も用意しま

したってね，そういうことだよね」「天才ならやりかねない」とめいめいが自分なりの言い方で，自分たちの常識では考えられない「男」の歌にかける執念のようなものを表現している。

　この生徒のやりとりで特筆すべきなのは，「掛けるために送った」のような正解らしき発言がごく早い段階で全員から出ているにもかかわらず，これだけ探究が続いているという点である。この探究の背景には，生徒が当初想定していた以上に平安貴族の世界と自分たちの世界に隔たりがあったこと，その隔たりを生徒があまり自覚していなかったことがあげられるだろう。自分たちの常識では理解しがたい男の行為をなんとか自分たちなりに納得したいという生徒の気持ちが，「名産」の可能性を考えたり，既に注釈がついている「ひじき藻」を電子辞書で調べたりという思考につながっている。そこまでした結果，最終的に「掛けたいから用意した」としか考えられないことに，生徒たちは改めて驚き，自分たちと平安貴族の世界との違いを実感している。

表2-6　本時の前後での3人の生徒の考えの変化

	一連の授業の最初の論述	本時の感想
松井	当意即妙な歌。即興でありながら自分の想いを的確に伝え，しかもそれを直接表現するのではなく，比喩（または掛詞）で伝えることで歌としての完成度も高いものを読める情趣，技術	気づいたこと・考えたこと： 気持ちを和歌にのせる＝雅？ 歌のための伏線多い⇒物語的に…？ 解決できなかったこと・次回への課題： ひじき藻←歌のために贈った？　贈ったからあの歌？
八田	この和歌からも読み取れるように，相手を思うあまり，どれほど自分の心が乱れるのか，というところに雅が見られるのだと思う。自分の中にこれほど不調和が生じる，平常な心持ちでいられなくなるほど，あなたのことを恋焦がれているのですといったアピールに貴族たちは雅を感じて返答するのではないか。	気づいたこと： 気持ちを和歌にのせて歌うこと自体が貴族にとっての雅。 解決できなかったこと・次回への課題： ひじき藻をそえた謎⇒掛けたかっただけ？
藤川	本文では思いがけず田舎の地にやってきた男だったが，この男はそこにいた美しい女性に心惹かれ，狩衣の裾に歌を書きつけて送ったわけだが，それに対して女性は狩衣が信夫擦だったこととそれが東北の陸奥国のものであることを踏まえて詠んでいる。昔の平安貴族は「返歌」を詠むことが求められた。	気づいたこと・考えたこと： 自分の気持ちを和歌にのせて伝えることこそが雅である。実物を使って技法を用いて伝える雅。 解決できなかったこと・次回への課題：なぜ男はひじき藻を送ったかが不明。どうしてひじきでなくてはならなかったのか。

表2-6にこの3名の生徒の最初の論述と本時の感想（「解決できなかったこと・次回への課題」は「ひじき藻」の段に関するものだけ）を示した。一連の学習の最初，「『雅』とは？」という問いに対し，和歌の技巧やルールに注目していた松井さん，藤川くん，激しい恋愛の感情に注目していた八田さんのいずれも，本時の気づきとして「気持ちを和歌にのせる」ことそのものが「雅」ではないか，という考えを持ちはじめている。同時に，あれだけ議論したひじき藻のことがまだ「解決できなかったこと」としてあげられているのが興味深い。ひじき藻をめぐるこの疑問は，平安貴族と自分たちの世界の違いへの気づきの

表2-7　一連の授業の最後の3人の生徒の論述

	一連の授業の最後の論述
松井	どんな状況であってもその場に合っているかつ自分の気持ちをストレートにではなく自然や物にたとえるなど婉曲的に伝える和歌を詠むことができる情緒。"平安貴族"という。することがそれほどなく，世の中も比較的安定していた時代の人だからこその時間と心の余裕から生まれてくる人生観や自然の趣の感じ方。そしてそれを歌にする情緒。雑務まみれ，騒音だらけの現代では感じ得ないものが「雅」なのだろうなぁと思いました。そしてきっと業平自身は自分で「これが雅だ！」とは思っていなかっただろうし，他人がなんとなく「あーこれ雅だわー」と言葉にしないで感じとるものが，雅。
八田	私が思うに「雅」とは，自身の心情を和歌として出す時点でその和歌に内在しているものである。また平安貴族たちは掛詞や倒置など様々な技巧をこらすことで，その「雅」に色づきを与え，聞き手がより風流さを感じられるようにしていくのだろう。「雅」は決して聞き手が有無・是非を判断するものではなく，歌を詠むこと自体が持つ一種の優雅さであるに違いない。そして一概に「雅」とは言ってもその中にきっと質の違いがあり。良い悪いといった質ではなく，例えば第九十七段の和歌では"散る""曇る""老中"という祝いの席には似つかわしくない語句の羅列を第五句の"まがふがに"で好転させているようにその技法はもちろん意外性をもたせたところにユーモアがいまみえる。そういった種の質の違いがあるのだろう。一変して，最終段の和歌にはこれといった修辞技法は見られないが，死に際に思ってもいなかったと素直に吐露する上で，飾りは必要ないと作者が判断し，歌を詠んだ。きっとここにも哀愁を含む類の雅が存在するのだ。雅とは現代で使うような妖艶さとか美しさだけを表すものでは必ずしもない。「雅」をどう読みとるかは自由だが「雅」は和歌に内在しているのだ。
藤川	「伊勢物語」において男は初段から最期の段にいたるまで何がしかの和歌を詠んでいる。和歌には状況に応じてそれを盛り込んで詠まれたものもあれば，自らその状況を作り出して詠まれたものもあった。また最期の段で死を悟った男は辞世の句を読み，まるで死を受け入れているかのように落ち着いた調の歌を詠んでいた。これらを総括すると，平安貴族たちが求めた「雅」とは，事件や恋や死も含めて自らの心を揺さぶるような事象に遭遇したときに，その状況に応じて修辞法をうまく使いながらそこに自分が事象に対して感じたことを落ち着いていて端正な調の歌を詠むことで表現することにあるのではないかと私は考えた。また，その歌に対してすぐさま適格な返歌をすることも雅なのだと考える。しかし私はこうも考えた。そもそも，事件や恋や死といった自分にふりかかる事象を自らの心を動かすものと考えることもまた雅ではないかと考える。恋や事件は受け入れられたとしても死をそのように考えることはなかなかできることではない。

端緒でもあると言える。

　表2-7は，この3名の生徒があと2時間のジグソー学習を経て，計9つの資料を統合して書いた「平安貴族たちが求めた『雅』とはどのようなものだったのだろうか」についての論述である。どの論述も「気持ちを和歌にのせる」ことの平安貴族にとっての普遍性と，自身と平安貴族との感覚の違いを自分なりの表現で説得的に論じており，授業の最初の論述よりはるかに深まったものになっている。

　他方，松井さんが「きっと業平自身は自分で『これが雅だ！』とは思っていなかっただろうし，他人がなんとなく『あーこれ雅だわー』と言葉にしないで感じとるものが，雅」と「雅」とは受け手が感じ取るものであると論じているのに対して，八田さんは「『雅』とは，自身の心情を和歌として出す時点でその和歌に内在しているもの」として，「『雅』は決して聞き手が有無・是非を判断するのではなく，歌を詠むこと自体が持つ一種の優雅さであるに違いない」と論じている。

　3時間の学習の成果として大事にしたいのは，先に挙げた共通の深まりだけでなく，同時にそこから先の解釈の多様性が生まれたということである。「分かった」の先に友だちとの考えの違いが生まれ，共通の理解の土台のうえにこうした「違いが見える」ことがまた生徒たちの理解を次のレベルに進めるような新たな学びの契機となる。ここから先の生徒たちの学びは，そのまま地続きに「探究の連鎖」という研究の世界につながっていくようなものであるだろう。

東京大学 大学発教育支援コンソーシアム推進機構（CoREF）
知識構成型ジグソー法を用いた協調学習授業　授業案

国語

学校名：	埼玉県立大宮高等学校	授業者：	畑　文子
		教材作成者：	畑　文子

授業日時	平成27年9月16日	教科・科目	古典
学年・年次	第3学年文系クラス	児童生徒数	41名
単元名	伊勢物語における「雅」	本時／この内容を扱う全時数	65分／65分×3コマ
教科書及び教科書会社	プリント教材		

授業のねらい（本時の授業を通じて児童生徒に何を身につけてほしいか，この後どんな学習につなげるために行うか）

　単元全体を貫く大テーマとして，平安貴族にとっての「雅（みやび）」とは何かを考えさせる。複数のエピソードを検証しながら，生徒各自が今持つ生活感や美意識と比べつつ，自らが感じた「雅」のイメージを自分の言葉に置き換え，論述できることをねらいとする。
　本時は，その取り組みの第1時である。まず，『伊勢物語』初段「初冠」を読み，最終文に付した傍線「みやび」について，どのようなものであるか，という問に回答する。その後，3回連続して扱うテーマを告げ，その活動過程と方法を理解する。そのうえで，本時の目標である，在原業平を例とした平安貴族にとっての日常である和歌や，「雅」なやりとりの実体を解析していく。

メインの課題（授業の柱となる，ジグソー活動で取り組む課題）

平安貴族たちが求めた「雅（みやび）」とは，どのようなものだったのだろうか。
【3時間を通して考えるテーマ】

児童生徒の既有知識・学習の予想（対象とする児童生徒が，授業前の段階で上記の課題に対してどの程度の答えを出すことができそうか。また，どの点で困難がありそうか。）

　メインの課題を考える上で提示する初段「初冠」は，1年次に既習。ただし，その際，「いちはやきみやび」の意味については，本文に寄り添った読解の範疇に止まり，平安貴族全体の美意識にまでは言及していない。
　本時に扱う〈A〉（第三段・第四段）〈B〉（第五段）〈C〉（第六段）については，最終学年次文系クラスとして，語注・辞書を利用しつつ，逐語訳やある程度の古典常識を踏まえた意訳は十分可能である。ただし，本文中の和歌については，文法的読解，型どおりの解釈は可能だが，登場人物の心の機微・筆者が描こうとしていた美意識まで踏み込んだ理解をすることは難しいと思われる。

期待する解答の要素（本時の最後に児童生徒が上記の課題に答えるときに，話せるようになってほしいストーリー，答えに含まれていてほしい要素。本時の学習内容の理解を評価するための規準）

〈A〉男から女へ贈る和歌の技巧を成立するために実物の「ひじき藻」を添えていること。
　　　女を失い喪失感に苦しむ自分を，翌春が来て再び咲く梅と対比させた歌。
〈B〉夜這いを続けながら歌った和歌を契機に，許されない恋が認められたいきさつ。
〈C〉駆け落ちが失敗に終わり，いなくなってしまった女がかつて呟いた言葉にのせて，男の
　　　男の悲しみを嘆く歌。
のそれぞれから「雅」を拾い出し，言語化する。

各エキスパート	〈対象の児童生徒が授業の最後に期待する解答の要素を満たした解答を出すために、各エキスパートで抑えたいポイント、そのために扱う内容・活動を書いてください〉

- 〈A〉第三段「ひじき藻」・第四段「西の対」を読み、平安貴族の懸想の作法、実在していたと思われる人物（在原業平・藤原高子ら）の和歌のやりとりの実体、「物名」という技法について知り、その行為の意味を考える。
- 〈B〉第五段「関守」を読み、平安貴族の成就した恋愛のいきさつ、実在の人物を想定した、『雅』と思われる恋愛行動について考える。
- 〈C〉第六段「芥川」を読み、実在の人物を想定した恋の逃避行、悲恋の中で交わした歌のやりとりを読み、そこに込められた意味と美意識を考える。

ジグソーでわかったことを踏まえて次に取り組む課題・学習内容

- 今回のジグソーで「気づいたこと・考えたこと」と、「解決できなかったこと・次回への課題」をシートに記入させる。

本時の学習と前後のつながり

時間	取り扱う内容・学習活動	到達して欲しい目安
これまで	（『伊勢物語』初段「初冠」）	文法事項の学習教材として、1年次に学習。
前時	なし	
本時 1時	・導入　第一段「初冠」（再出） ・〈エキスパート〉 A…第三段「ひじき藻」第四段「西の対」 B…第五段「関守」 C…第六段「芥川」 ・〈ジグソー〉 それぞれの段に登場する男の「恋愛」とその「行動」における《雅》とは？	・プレの設問の回答 ・在原業平と藤原高子の恋愛をモチーフに構成されている『伊勢物語』第三段〜第六段までを読解し、平安貴族の恋愛行為と和歌に託された心情を理解する。
次時 2時	・〈エキスパート〉 A…第二四段「梓弓」 B…第四一段「紫」 C…第六〇段「花橘」 ・〈ジグソー〉 それぞれの段に描かれる恋愛のどのような点を、平安都人は《雅》だと捉えたのだろうか？	・夫の不在を我慢できず、新しい男を求めた女と、女の心変わりを許し去っていく男との歌のやりとり〈A〉、幸不幸と、運命が大きく分かれてしまった姉妹を、分け隔て無く愛そうという男の心〈B〉、逃げた妻と再会し、和歌に込めた男の皮肉〈C〉など、恋愛にまつわる心の機微を理解する。
この後 3時	・〈エキスパート〉 A…第九七段「四十の賀」 B…第一二四段「われとひとしき人」 C…第一二五段「つひにゆく道」 ・〈ジグソー〉 人生を締めくくる最後の《雅》とは、どのようなものだったのだろうか？ ・ふりかえり	・四十の賀を迎え、桜に散れと命じた心情〈A〉、言いたいことを言うのはもうよそう、という心情〈B〉、「つひにゆく道」を実感した時の心情〈C〉を考え、老い・死に向き合う平安貴族の心情を理解する。 ・ポストの設問の回答

上記の一連の学習で目指すゴール

（1）伊勢物語の世界観を考えるための新たな視点を発見し、それに基づいて論じることができる。
（2）伊勢物語を読んで漫然と感じたことを、論拠を以て明確に主張することができる。

本時の学習活動のデザイン

時間	学習活動	支援等
10分	・テーマの問に対する回答作成。	・プレ用プリント配付。提示文の解説無し。 ・10分程度で自動的に収束。
10分	・テーマ資料の解説，3時間構成の内容・使用するマップと付箋の説明	・3回のジグソー活動で使用し続ける全体像マップと，そこに貼り付ける付箋（赤…何かしらの発見や閃き・青…疑問・気になること）を各テーブルごとに置く。
15分	〈エキスパート活動〉 ・各グループごとに提示文を読み，課題について協議する。	・進行状況を見て，必要に応じて部分訳，論点の指示を行う。 ・声かけの例 Aなぜ「ひじき藻」を贈ったのか。何を伝えようとしたのか。海藻を和歌に添える必要はあったのか。／女の去ったあばら屋で一人詠う必要性とは。 Bなぜ許されたのか。「せうと」とは。 C「かれは何ぞ」という台詞を思い出した男の心情。「鬼」とは。
15分	〈ジグソー活動〉 ・グループ編成を変える。 ①担当した段のエピソードとそこから読み取れた「雅」についての解釈を伝える。 ②それぞれの恋愛行動や和歌の「雅」について分析する。	・声かけの中に「雅ポイント」という語句を入れ，ゴールを意識させる。 ・できるだけ付箋の利用を促す。
10分	〈レクチャー（解説）〉	・pptを用いた一斉授業形式で読解を支援する。 ・全訳は行わない。種明かし的な解釈や，考え方のヒントのみを示唆する。
5分	〈振り返りシートの記入〉	・謎（青付箋）が残った場合は，次時別のメンバー編成になった時に，そこに戻って意見交換をするように指示。

グループの人数や組み方

- エキスパート班は，通常の教室内の座席をもとに，近い者同士が3〜4名（12グループ）で行う。
- エキスパート活動終了後，ABC各1の3人編成（13グループ）を編成する。その際，3回のジグソー活動とも，異なるメンバーになるように自己調整させる。
- 男女の割は特に規定しないが，あまり偏らない方が望ましい。

国語◆教材

授業の最初に各自が問いについて考える際に使用するプリント

【ア厶】

「伊勢物語」から学ぶ《雅》について

　　　　　　３年　　組（　　）

> 昔、男、初冠して、奈良の京春日の里に、しるよしして、狩りに往にけり。その里に、いとなまめいたる女はらから住みけり。この男かいまみてけり。思ほえず、ふる里にいとはしたなくてありければ、心地まどひにけり。男の着たりける狩衣の裾を切りて、歌を書きてやる。その男、信夫摺の狩衣をなむ着たりける。
> 　春日野の若紫のすりごろもしのぶの乱れかぎりしられず
> となむ追ひつきて言ひやりける。ついでおもしろきことともや思ひけむ。
> 　みちのくのしのぶもぢずりたれゆゑに乱れそめにしわれならなくに
> といふ歌の心ばへなり。昔人は、かくいちはやきみやびをなむしける。

問　平安貴族たちが求めた「みやび（雅）」とは、どのようなものだったのだろうか。

国語◆教材

エキスパートＡ班がエキスパート活動で使用するプリント

１Ａ　　rec（　）組　　＼Ｍ

　むかし、男ありけり。懸想じける女のもとに、ひじき藻といふものをやるとて、
Ａ　思ひあらば葎（むぐら）の宿に寝もしなむひじきものには袖をしつつも
　二条の后の、まだ帝にも仕うまつりたまはで、ただ人にておはしましける時のことなり。
（第三段）

　懸想　思いを懸けること。
　ひじき藻　（食用の海藻）「ひじき藻」と「引敷物」（夜具）との掛詞。
　二条の后　藤原高子（たかいこ）のこと。貞観八年（八六六）に清和天皇の女御になる。
　ただ人　皇室とは無関係の普通の人のこと。

メモ

　昔、東の五条に、大后の宮おはしましける西の対に、住む人ありけり。それを、本意はあらで、心ざし深かりける人、ゆきとぶらひけるを、正月の十日ばかりのほどに、ほかに隠れにけり。在り所は聞けど、人の行き通ふべき所にもあらざりければ、なほ憂しと思ひつつなむありける。
　またの年の正月に、梅の花盛りに、去年を恋ひて行きて、立ちて見、ゐて見、見れど、去年に似るべくもあらず。うち泣きて、あばらなる板敷に、月のかたぶくまでふせりて、去年を思ひ出でて詠める。
Ｂ　月やあらぬ春や昔の春ならぬわが身ひとつはもとの身にして
と詠みて、夜のほのぼのと明くるに、泣く泣く帰りにけり。
（第四段）

メモ

【課題】三・四段に登場する男の「恋愛」とその「行動」における《雅》とは？

国語◆教材

エキスパートB班がエキスパート活動で使用するプリント

1B　　rec（　）組　　\M

　むかし、男ありけり。ひんがしの五条わたりにいと忍びていきけり。みそかなる所なれば、門よりもえ入らで、わらはべの踏みあけたる築泥のくづれより通ひけり。人しげくもあらねど、たび重なりければ、あるじ聞きつけて、その通ひ路に、夜ごとに人をすゑて、まもらせければ、いけどもえ逢はでかへりけり。さてよめる。

　人知れぬわが通ひ路の関守は宵々ごとにうちも寝ななむ

とよみければ、いといたう心やみけり。あるじゆるしてけり。二条の后に忍びてまゐりけるを、世の聞えありければ、せうとたちのまもらせ給ひけるとぞ。　　　　（第五段）

　みそかなる所　密かに通うところ
　築泥（ついひぢ）　土塀。
　あるじ　この家の主人。五条の后を指すと考えられる。
　関守　関所の番人
　寝ななむ　ナ行下二段動詞「寝（ぬ）」の連用形＋完了の助動詞「ぬ」の未然形＋願望の終助詞「なむ」
　二条の后　藤原高子（たかいこ）のこと。貞観八年（八六六）に清和天皇の女御になる。
　せうとたち　高子の兄たち。国経・基経を指す。

メモ

【課題】第五段に登場する男の「恋愛」とその「行動」の《雅》とは？

国語◆教材

エキスパートC班がエキスパート活動で使用するプリント

1 C

rec（　）組　　　\M

　むかし、男ありけり。女のえ得まじかりけるを、年を経てよばひわたりけるを、からうして盗み出でて、いと暗きに来けり。芥河といふ河を率ていきければ、草のうへにおきたりける露を、「かれは何ぞ」となむ男に問ひける。ゆくさきおほく、夜もふけにければ、鬼ある所とも知らで、神さへいといみじう鳴り、雨もいたう降りければ、あばらなる蔵に、女をば奥におし入れて、男、弓、やなぐひを負ひて戸口にをり。はや夜も明けなむと思ひつつゐたりけるに、鬼一口に食ひてけり。
　「あなや」といひけれど、神鳴る騒ぎにえ聞かざりけり。やうやう夜も明けゆくに、見れば、率て来し女もなし。足ずりをして泣けどもかひなし。

　　D　白玉かなにぞと人の間ひし時露とこたへて消えなましものを

　これは、二条の后の、いとこの女御の御もとに、仕うまつるやうにてゐ給へりけるを、かたちのいとめでたくおはしければ、盗みて負ひて出でたりけるを、御せうとの堀河の大臣、太郎国経の大納言、まだ下臈にて内裏へ参り給ふに、いみじう泣く人あるを聞きつけて、とどめてとり返し給うてけり。それをかく鬼とはいふなりけり。まだいと若うて、后のただにおはしける時とや。
　　　　　　　　　　　　　　　　　　　　　　　　　　（第六段）

　　二条の后　藤原高子（たかいこ）のこと。貞観八年（八六六）に清和天皇の女御になる。
　　いとこの女御　文徳天皇の女御、明子（めいし）。藤原良房の娘。
　　御せうと　堀河の大臣　「せうと」は女性から見て兄弟のこと。良房の養嗣子。
　　太郎国経の大納言　「太郎」は長男。藤原の国経。
　　下臈（げらふ）　官位身分の低い者。
　　ただ人　普通の人。一般の臣下。

メモ

【課題】第六段に登場する男の「恋愛」とその「行動」における《雅》とは？

国語◆教材

ジグソー活動で使用するプリント

J1 rec(　　)　組(　　)　　　N/M

気づいたこと・考えたこと

解決できなかったこと・次回の課題

月　日(　)限

国語◆教材　57

平成27年度 未来を拓く「学び」推進事業 授業者振り返りシート

授業日時/教科・単元　平成27年9月16日伊勢物語から『雅』を考える

授業者　畑　文子　　　教材作成者　畑　文子

1．生徒の学習の評価（授業前後の変化）
（1）3名の生徒を取りあげて、同じ生徒の授業前と授業後の課題に対する解答がどのように変化したか、具体的な記述を引用しながら示して下さい。実技教科等で生徒の直接の解答が取れない場合は、活動の様子の変化について記して下さい。

生徒	授業前	授業後
1	女性に一目惚れをしたときは直接気持ちを伝えるのではなくて、あえて和歌という技法を使うように、自分の思いや気持ちというものを直接的に表現するのではなく、いわゆる「風流」と呼ばれる優雅な技法を使って表現すると言うもの。	自分が考えるに、平安貴族たちが求めた「雅」と言うものは、その場その場における貴族としての正しい振舞いの姿勢を示しているものであると思う。人に恋をしたときなら和歌の教養を使って間接的に自分の思いを伝えて、男女関係が修羅場であるときなら、自分の素直な思いを歌で伝えて、死に際であるときなら自らの運命に抗うことなく、死を受け入れる。こういう貴族らしい振舞いの総称として「雅」は使われていたのだと思う。また、代表的な「雅」の構成要素としては、やはり「和歌」が欠かせないと思う。平安貴族は、自分の気持ちをそのまま伝えることは「雅」ではないと思っていたので、和歌を使うことにより、それを間接的に伝えていたのだと思う。その中の修辞法については、人に対して歌を詠むときは使用回数が多かったが、独り言のような歌には使用回数が少なかった。こうして考えると「雅」とは何か決まった形があるのではなく、形を様々に変えるものであった。
2	思いを寄せる異性に対して恋焦がれる気持ちを伝えるときには、その歌に自分の気持ちや意志をこめて送るという優雅なふるまい。	今日の第3回目の授業を受けるまで、私は「雅」とは優雅で華々しい振る舞いだと勝手にイメージしていた。現代では異性への告白には直接的表現が好まれるが、平安貴族は技巧をこらした遠まわしな表現で思いを伝えるほうが風流で好まれる。そのもどかしく奥ゆかしいところに趣のある雅があると考えていた。しかしその観点では、生の晩年の「雅」を見つけることができなかった。平安貴族にはもっと別の雅がある。そう考えたときに私が思ったのは、平安貴族にとって雅とは一番深く強く心に残った感情それ自体なのではないか。若いときは、色恋沙汰に夢中になり、年老いてくると死や過去と向き合うことが多くなる。その時々の感受性は常に変化していくが、その思いと向き合うことはいつになっても変わらない。そう考えると、今現代の私たちにも雅は存在しているのかなと思った。

3	女性へ歌を送るときに忍ぶ心と信夫擦をかけて信夫擦の服の切れ端に書いて送ったり、またそれに対して女性も返歌で同様に言葉を掛けて詠むなどといった歌において気持ちを伝えるときに情景や物に掛けることでより趣深く、また面白いものにすることを求める感覚。	平安貴族は若いころは女性に興味をもち、恋愛に重点を置いていたが、老齢になるにつれて老いや死が身近になり、考えなければいけない問題であった。それは、当時の平均寿命よりかなり長く生きた業平にとっては周囲の人がどんどんいなくなるのでなおさらである。平安貴族はよく歌を詠む。それが好意を寄せる相手に対して詠んだものでも、老いや死をみつめて詠んだものでも、自分の感情を表現するため使われている。そこには受け手や共感してくれる他者も存在している。他者がいないと第一二四のように止めようという気持ちが生まれてしまうのである。平安貴族にとっての「雅」とは自分の気持ちと共有してくれる他者がいることで成立する風情や趣のことである。

(2) 生徒の学習の成果について検討して下さい。授業前、授業後に生徒が答えられたことは、先生の事前の想定や「期待する解答の要素」と比べていかがでしたか。

生徒1：古典常識として記憶している内容を、その時代にリアルに生きる人間たちのエピソードにあてはめたことで、今までの「雅」に対する固定観念が存外あてにならないことに気づき、実際は人間の生きるすべての行為1つひとつから醸し出される美意識である、という理解に変化した。

生徒2：3回のジグソーを通して、「雅」＝「優雅」「奥ゆかしさ」という思い込みが揺さぶられ、結果、当時の貴族たちの日常において刻々と変化していく感情の1つひとつが「雅」と言えるのではないか、という仮説を立てている。それが実証できれば「雅」は時空を超えるということさえ感じ始めている。

生徒3：プレでは、提示文の既習事項を整理し、丁寧に知識を並べて説明しているが、実感に乏しい。ポストにおいて、平安貴族の一生を追いながら「雅」を考えてきたプロセスで、「他者」存在の必要性という、新しいに気づきに驚く、回答者の素直な喜びが感じられる。

2．生徒の学習の評価（学習の様子）

生徒の学習の様子はいかがでしたか。事前の想定と比べて、気がついたこと、気になったことをあげてください。

該当学年では、1年次より、学び合いの活動を多く経験しての3年目であるため、グループ編成等の作業も含め、積極的で有意義な意見交換による学び合いが行われた。

3．授業の改善点

生徒の学習の成果や学習の様子を踏まえ、次の3点について今回の授業の改善点をあげて下さい。

(1) 授業デザイン（課題の設定、エキスパートの設定、ゴールの設定、既有知識の見積もりなど）

エキスパート→ジグソーのパッケージを3回連続で行うことで、1つの大きなテーマを縦横に広げて扱うことができるのがメリット。通常、定番教材である『伊勢物語』も、教科書では二、三の段を断片的に扱うだけなので、全体を俯瞰することができない。その点、今回は、テーマに対する答えの論拠を多く手に入れることができた生徒たちの思考は劇的に広がりを見せた。

反面，毎時の振り返りはクロストークの形態ではなく，各自の振り返りシートの作成にとどめた。日常の授業を縛る時間制限が大きな要因だが，枠の中に発表形式のクロストークを入れ込むのは現実的に厳しいので，グループを固定せず，メンバーをシャッフルすることで同効果を期待した。

（2）課題や資料の提示（発問，資料の内容，ワークシートの形式など）

「現代語訳をせよ」という発問は廃した。毎エキスパートでの発問は1問に限定。個々の内容読解に関わる問ではなく，常にゴール（『雅とは』）を意識したものにした。併せて，机間巡視の合間にも，ゴールをイメージしやすいワード（例「雅ポイント」）などを繰り返し発話した。

理解レベル変遷の可視化については，教材一覧表（A3）を各自が常に持ち，そこに発見（赤付箋）と謎（青付箋）を貼る作業を話し合いながら行うことで，グループが変わっても自分独自の立ち位置を認識し，解決，未解決の内容を整理しつつ，理解の階段を自分のペースで上っていけるようにした。同時に色付箋は，多くの生徒（今回は41名）を一人の授業者が把握するのに極めて有効である。また，謎を次回へ持ち越し可能なシステムは，じっくりと余裕を持って大きなテーマに向き合うことを可能にする。

今後ぜひ改善したい点としては，現在進行中の話し合いの可視化と共有。これについては，今後，グループごとのマインドマップをタブレット上に展開し，状況を都度，教室のスクリーンに投影することで，視覚上のクロストークを常時進行させつつ，ジグソー活動を進行できる環境を整えたい。

（3）その他（授業中の支援，授業の進め方など）

生徒主体のジグソー型授業と，授業者主体の一斉授業との兼ね合いについては，授業が進むにつれ，生徒の理解レベルの向上が見られたため，最終的（3回目）にはレクチャーなしで一テーマを終了。結果的に，違和感なく生徒は学習事項を統合できた。扱う教材や学年にもよるだろうが，授業者主導の一斉授業から離れる勇気も，時に必要であると思う。

今回の学習内容の一番の反省事項は，「雅」と「無常観」との混乱である。しかしこれは，次の学習テーマの示唆でもある。生徒にとって，現代文ではないものはすべて古文であり，現代文と古文の間には大きな断絶が存在する。次回は，日本文学史や思想史の2000年にわたる連続を理解させるために，生徒自身が納得できるような題材と仕掛けを準備したいと考えている。

授業者に聞く

畑　文子先生（埼玉県立大宮高等学校　国語科）

Q 畑先生は6年間，この「知識構成型ジグソー法」を使った協調学習の授業づくりの研究に関わってきてくださっています。前任の進路多様校で2年間，現任の上位進学校で4年間です。現任校と前任校での実践はどう違うでしょうか？

A その時点での学力の違いのようなことはあるかもしれないですが，人間の発想を広げてあげて，構造を組み直してあげて，そうすると見方が変わってくるというのは共通ですね。エキスパートで具体例を拾って読んできて，ジグソーで共通項が見えてきて，それをもとに次の学習で具体例にまた戻って，をやっていくことで，生徒の教材についての見方が変わっていく点では変わりません。

前任校では，3年生の古典選択のクラスで1年間通じて源氏物語をジグソーで通読する実践も行いました。そもそも当初古典を授業で扱うこと自体がチャレンジという生徒実態で，プリント学習で何とか学んだ痕跡を残してあげるところからのスタートでした。その生徒たちが，3年生になって，源氏物語を自分たちで読んで考えている。それも，彼らも別に何かすごく頑張ってやっているというよりは，ただ楽しくやっているというのが衝撃的でした。最初に進路多様校で実践していなかったら，ここまでこの授業法の良さがわからなかったかもしれません。こんなになるんだ生徒たちが，というのが印象的でした。

ジグソーが生徒の力，まずは自信を引き出しているのが大きいと思います。大きな声が出ていれば必ずしも自信があるということではないと思いますが，話しているとき，聞いているときの様子から生徒のわかった感が見えるのがいいなと思っています。一斉授業ではなかなかそこまで見えない。テストで点数化されない学びの喜びを引き出してあげられるのがすごくよいですね。

Q 授業づくりで心がけていた点は？

A 大事にしたいのは，知識の差がマイナスにならないようにということ。昔からの言い方で言えば「楽しく」という言葉になるのかもしれませんが，これとこれを知るとこんなに膨らむんだなという体験をさせてあげたいと考えていました。現任校のような進学校でも，受験が近づくにつれて勉強がパターン化してつまらなくなるようなこともあるかもしれませんが，そういうことじゃないんだよという経験をさせてあげるような教材を作りたいと考えています。

この毎週ジグソーをやっていたときには，授業をする私のほうも，よく「毎時間準備大変じゃないですか」と聞かれましたが，授業のパターンが決まっていて，ねらいもはっきりしてきているので，そのパターンにはめているだけで特に大変という意識はなかったです。

Q 畑先生の中で何がやりたい，やるべきだというねらいがはっきりしているからスッと授業デザインが決まってくるのでしょうね。これまで一斉授業をする際にも教材を構造的に把握されていたり，この作品で面白いのはこれだなというのを考えてきたことがジグソーの教材作りにも生きているのでは？

A そうですね。単純に前・中・後3つに切って，といった読み方は自分が楽しんで読んでいるときはしていないので，ジグソーだからといってそれをやるのは違うのかなと思っています。

そもそも国語のねらいって授業者によって多様じゃないですか。同じテキストでもねらいによってできてくる教材は多様です。一緒に研究している先生方の間でも『舞姫』のジグソー教材だけで何通りも存在します。だから，他の教科以上に授業者が自分のねらいを明確にすることが一番大事だろうと思います。

この型の授業を作る際に，先に教材があって，これをどう3つに切るかだとかなりきついですよね。そうじゃなくて，この教材で何を教えようか，ねらいはこう定めようというのが決まったら，それを気づかせるためにどんなアプローチの仕方があるのか，別に最初は3とかにこだわらずに複数あげていって，

その中で生徒がこれとこれとこれをこう組み合わせたらこんな話し合いになるんじゃないかというのをイメージしていくと，さほど大変じゃないのではないか，と私は思っています。

Q 現任校ではどのくらいの頻度でジグソーを取り入れていますか。また，他のアクティブ・ラーニングや一斉講義との組み合せ方などは？

A ジグソー自体は学期に１，２回程度でしょうか。ただ，基本的には生徒がしゃべる，相互に意見交換するのはすごくプラスだという発想があるので，普段１時間完結で大学入試問題の演習をやったりするような授業でも，まず近くの生徒どうしで意見交換して，意味が通じるかどうかチェックして，というのからスタートするのが普通ですね。

実は，この学校の生徒たちも４年前に私が赴任した際には，こうした意見交換をなかなか自然にすることができませんでした。習慣の面もあると思います。そういうものなんだなと思ってしまえば，できるようになってきますし，むしろ，自分だけだと自分のよさも悪いところもわからないですよね。

生徒が自分で考える授業をつくるときに，この１時間で全部の知識を押さえようと思う必要はないと思っています。もちろん，みんなに共通で押さえたいことは前後で講義と絡めてあげると，生徒も安心する面もあります。だけど，それよりも一番大事なのは，「わからないこと」や「謎」というのは決してマイナスじゃなくてむしろプラスなんだよという発想を生徒に持たせられるかだと思っています。研究したいことがないと先に進んでいけないじゃないですか。

Q 最後に，これから取り組んでみようとする先生方に一言お願いします。

A 教授法にはすごくいろんなものがあり，それぞれにメリットデメリットもあるかと思います。いろんな学校でいろんなやり方を試してきた人間としては，このやり方は汎用性も高いし，生徒の伸び率も高いやり方だと思います。生徒の充実感とそれを肌で感じられる教員の喜びがあるのが，すごくよい方法

です。だから，是非やっていただきたいです。
　それで，もしうまくいかないときがあっても，いいんじゃないかなと考えることも大事だと思っています。生徒も慣れてくれば，「今回ここが失敗でしたね」なんて言ってくることもあります。そういう関係ができてくれば，お互い授業を一緒につくっているという感じも出てきます。生身の人間がやっている日常の授業なので，成功させなきゃというプレッシャーなく，のびのびできることが汎用性を高くしていくことにもつながるのではないでしょうか。

地理歴史

世界史「宗教改革」での実践例
「カール5世はなぜルター派を容認したか」

(1) 実践の概要

　本節で取り上げる実践は，浦和第一女子高校下川隆教諭によって高校2年生地理歴史科・世界史で実践された「カール5世はなぜルター派を容認したか」の授業である。生徒数は42人である。

　浦和第一女子高校は，生徒のほとんどが4年制大学に進学する上位の進学校である。実践者によれば，積極的に課題解決に努めようとする生徒が多いとのことである。ただし，歴史の授業においては，時系列的な事実の把握は比較的得意な一方で，横のつながりを踏まえて歴史を立体的に捉えることに課題があるという。実践者は，普段の授業から，そうした課題を意識し，出来事の意味や背景を生徒自身の言葉でつかませる機会を設定している。

　本時の授業デザインを表2-8に示す。本授業は2012年度に作成された教材であり，過去にも何度か実践されている。1つの出来事を軸に，16世紀前半のヨーロッパで同時並行的に進んでいた宗教改革と国際問題を関連づけ，時代状況を把握させることがねらいである。エキスパート資料は比較的情報豊富な読み物の読解を行い，ジグソーでは各事実の関連性に注目して資料の内容を取捨選択しながら，カール5世を取り巻く国際状況を図式化することによって課題の答えを表現させる展開となっている。

(2) 学習成果—授業前後の理解の変化から—

　次に，授業前後の生徒の記述をもとに，学習成果を分析する。ここでは，生徒が表2-8に示した期待する解答の2つの要素，すなわちカール5世を取り巻く国外と国内の情勢をそれぞれ踏まえているかという観点から課題に対する前後の答えを分析した。

　図2-3は，2つの期待する解答の要素を含む解答を出せた生徒の割合を示す

表2-8 「カール5世はなぜルター派を容認したか」の授業デザイン

課題	カール5世はなぜルター派を容認したか
エキスパートA	・カール5世に関する国内問題：カール5世は，神聖ローマ帝国国内ではルター派という敵を抱えている ・ルター派は諸侯や農民へと支持層を拡大している
エキスパートB	カール5世に関する国際問題1：オスマン帝国のスレイマン1世が神聖ローマ帝国に迫っている
エキスパートC	カール5世に関する国際問題2：イタリア政策をめぐり，フランス王フランソワ1世とカール5世が対立していること，フランソワ1世とスレイマン1世が後に提携する
期待する解答の要素	・もとから神聖ローマ帝国と対立していたフランスとオスマン帝国が，利害の一致により同盟を結び，カール5世にとって脅威となった ・神聖ローマ帝国内ではルター派が，教皇や神聖ローマ皇帝に反対する層を取り込んで勢力拡大しつつあったこと⇒カール5世は，国外情勢に応じて国内勢力を結束するために，敵対していたルター派を認めた

グラフである。国外情勢については，神聖ローマ帝国とオスマン帝国およびフランス，両国との対立関係に言及できているものを「完全」，どちらか一方への言及や「国外の敵」等，具体的な国名への言及がないものを「不完全」とした。国内情勢についてはルター派の神聖ローマ帝国内における勢力拡大に言及できているものを「完全」，ルター派の勢力拡大を一般論として論じ「国内」の状況として記述していないものや，国内の混乱に言及してもルター派との対立に言及していないものは「不完全」とした。

図2-3からは，授業前後で生徒の解答の質が大きく上がっていることがわかる。

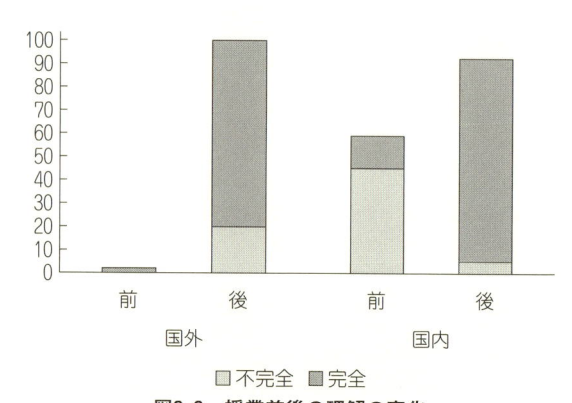

図2-3 授業前後の理解の変化
（単位は％ 授業前 N = 40, 授業後 N = 42）

表2-9 授業前後の解答の例

	授業前	授業後
生徒1	ルター派勢力が拡大し、数的に有利になった、抑制ができなくなったから。	国内ではルター派を支持する農民や騎士による反乱が起き、国外ではオスマン帝国と反ハプスブルグ派が手を結び隣国から攻められそうになったので、一時的に国内のルター派勢力を鎮圧し、周辺国に対抗しようとしたから。
生徒2	国内で敵をつくってる場合じゃないから。	神聖ローマ帝国は、オスマン帝国やフランスと対抗しなければいけないのに、国内がルター派によって荒れている場合ではないから。

　授業前は、国外の情勢に言及できた生徒は、2.5％に過ぎなかったが、授業後には全員の生徒が国外情勢に言及できている。他方、国内情勢については、授業前からルター派の勢力拡大に気づけている生徒も半数程度いたが、授業後には、87.5％の生徒が国内情勢を完全に説明できるようになっている。また「完全」「不完全」言及の割合に着目すると、どちらの着眼点にも思い至らないところから2つの問題を関連づけて説明できるようになったところへ、国内の状況をおおまかに捉えて理由を説明しようとしていたところから、国外とも関連づけつつより精緻な説明ができるところへなど、生徒によって多様な深まりがあったこともうかがわれる。

　表2-9は、生徒の授業前後の解答の例である。深まりの多様性は、実際の解答例をみるとより明確になってくる。生徒1は、授業前からルター派が当時勢力を拡大しつつあったことに言及しており、宗教改革の枠組みで出来事を捉えようとしている。しかし授業を経て、宗教改革と国外情勢の絡み合いがあったという新しい枠組みで出来事の背景を説明できるようになっている。生徒2の授業前の記述はもう少し感覚的である。授業には「敵」が「ルター派」と具体化し、「敵をつくってる場合じゃない」という緊急事態をもたらした国外情勢と結びつけて表現できている。「場合」という言葉が残っていることは、生徒の学びが、自分の考え方やこだわりを活かして表現できることの質を上げていくような、主体的で建設的なプロセスであったことを示唆しているだろう。

(3) ジグソー活動における建設的相互作用

　実際にあるジグソー班の会話を追うことで学びのプロセスを見てみたい。この班のメンバーは、エキスパートAの資料を担当した木村さん、エキスパート

Bの資料を担当した沢田さん，エキスパートCの資料を担当した長井さんの3人である。

　最初に紹介するのは，一通りエキスパートで考えたことを出し合い，情報を整理しようとしている場面である。沢田さんが，担当した資料にあったハンガリーの王権争いについて，整理された説明を展開するが，木村さんと長井さんは腑に落ちない様子である。「ダメだ」「全然わかんない」とつぶやいている。しかし，わからなさを出し合っているうちに，どこがわからないのかが次第に具体的な言葉になってきた。

木村：このね，このね，オスマンとか，オスマンとかハプスブルクとか，ハンガリーとかが，どっちサイドかがわかってないの。
長井：うん。
木村：だから，オスマンがいて，オスマンが勝つじゃん？　オスマンは，それは何，ルター派を応援してるほうなの？
沢田：別にそういうの関係ない。
木村：関係ないの!?
沢田：オスマンは別に，ハンガリーがほしいっていうだけ。
木村：え，ただほしいだけ？　…あぁ，領土問題…。

　木村さんは「宗教改革」の枠組みでハンガリーでの王権争いを理解しようとしていたために混乱していたようなのである。上の場面では，その混乱が言葉になったことで，沢田さんの手助けが得られ，カール5世のルター派容認の背景を理解するには，「宗教改革」ともう1つ別の枠組みを持ち込む必要があることに気づくことができた。エキスパート活動を経てのジグソー活動においても，まずは自身のわからなさやこだわりのありかを言葉にしてみることが学びの出発点となるようである。

　木村さんの気づきはまた，沢田さんにとって，国外の権力争いについての説明を見直す契機ともなった。次の場面では，沢田さんが，もう一度，今度は別の表現の仕方でハンガリーの王権争いについて説明を試みている。

沢田：私，オスマンで，（木村さんを指差して）ハンガリー。

木村：(自分を指差して)ハンガリー，ハンガリーさんが。
沢田：私，あなたを倒しました。
木村：ああ，はい。
沢田：で，あなたは生き残りなのね，ハンガリーの(木村さんを指差しながら)。
長井：ははは。
沢田：追い出したの。それで，カール5世の弟のフェルディナントと，ハンガリーを争ってるわけ。
木村：え，ていうことは…(少しだけ無言で考えこんで)
　　　あ！ あ！ あ！ はい！ はい！ わかった。カール5世がいるってことでしょ。これ。で，ここでもまた戦ってる(自分の隣の空間で，指をぶつけて戦いのジェスチャ)。
沢田：カール5世が後ろ盾についてる，弟のフェルディナントがいて…。
木村：で，ここもバチバチやってるってことでしょ!?(別の場所で戦いのジェスチャ)。

　沢田さんは，国の地理的な関係を踏まえ，同時並行的に展開される複数の国家間の争いを表現するために，擬人化という手法を持ち出した。これは見事にはまり，木村さんは，カール5世の周辺で，「ここでも戦ってる」「ここもバチバチやってる」と，複数の勢力争いが展開していることをイメージできたようである。高度に抽象的な歴史事象の背景の把握という課題の解決過程においても，擬人化という一見幼稚にも見える表現が彼女らの理解の深まりに役立ったことは興味深い。ダイナミックに体を動かしながら，生き生きとしたイメージが共有される様子は，はたから見ていても印象的な場面であった。
　これを経て，最後の場面では，木村さんが，最初にこだわっていた「宗教革命」の枠組みとここで確認した「勢力争い」の枠組みを統合し，「国内でも弱いし，国外でも追いやられてるってことでしょ。だから行き場がないんだよ」と，カール5世を取り巻く状況を整理している。この場面では，これまで議論をリードしているように見えた沢田さんにかわって木村さんが話し合いをリードしている。木村さんが，旧教の権威の低下とそれに対するルター派の勢力拡大の様相を関連づけて説明することで，沢田さんの論点も，ハンガリーの情勢からメインの課題であるカール5世のルター派容認へと移行でき，「仲間多いルタ

ーにくっついといたほうが，そのときはよかったみたいな」と，答えに近い言葉を口にしている。

沢田：(木村とほぼ同時に) カールはフェルディナントの兄で，神聖ローマ帝国の，皇帝。
長井：ルターと何か関係があるの？
沢田：全然関係ない。
木村：関係，関係はあることはある…。けど，ここのさ，ここの問題に関して，宗教からんでないよね？
沢田：宗教そんなにからんでない気がする。なんとなく。
　　　ハンガリーのもともとの持ち主であったヤギヴォ家っていうところと，君は婚姻関係にあったらしい。
木村：ヤギヴォケ？　…ああ，おうちね，おうち。
沢田：ヤギヴォ家。ハンガリー持ってた人と，君は婚姻関係に。
木村：あ，だから，もらえたんだ。
　　　じゃあ待って，で，カールさ，カール負けるんでしょ。それって十字軍の後？
沢田：十字軍の後っていうか…ハンガリーが最初オスマンにやられたときに，ルター派は承認されてる。
木村：待って待って，ちょっと待って。(資料を探して)
　　　カルロス１世は…カール５世はさ，宗教的な面でもそもそも弱くない？　十字軍で負けてるしさ（資料Ａ中の「十字軍の失敗による教皇の権威失墜」の記述を示して），でさ，さらになんか（大聖堂を）建てたいとか言い出す教皇もいて。だからこれ宗教的な問題だけど，で，ルターをこう…やっちゃって。
長井：ああ，あの贖宥状の。
木村：そうそうそうそう。神に従え的な感じで。…で，教皇の権威を否定するんだよね，ルターは。
長井：教皇の権威を否定する。
木村：うん。ルターがね，それをね，それに対して教皇が，なんか破門状？を出すんだけど，それを捨てちゃうのね，ルターさんが。
沢田：ああ，そんなの関係ないって？
木村：そうそうそうそう。だから，どんどんどんどん仲間が増えてくの。なんかルターの。農民。ドイツのさ，ドイツ農民…ドイツ農民戦争とかさ，諸侯もバック

についてくるわけよ，ルターさんの。
長井：ふーん。
木村：だから，国内でも弱いし，国外でも追いやられてるってことでしょ。だから行き場がないんだよ。
沢田：じゃあ，長いものに巻かれろみたいな感じで，仲間多いルターにくっついといたほうが，そのときはよかったみたいな。
木村：そうそう，だから仲間が一人もいなくなってんだよ。国内にも外にも。

　以上のような建設的相互作用のプロセスは，2つの点で示唆的である。1つには，人が手ごたえのある課題に対して納得のいく答えを表現できるまでのプロセスには，様々な局面があるということである。わからなさを出し合う局面，ダイナミックに多様な表現を出し合って理解を深めていく局面，資料の整理された表現も取り入れながら深まった理解に解答として記述しうる言葉を与えようとする局面，ここに紹介したグループの例だけを見ても，上述のような様々な局面を経て，生徒の学びは少しずつ先へ進んでいることがわかる。アクティブ・ラーニングというと，活発な話し合いであるとか，整った解の教え合いであるとか，いろいろな「主体的，協調的な学びの理想像」が思い描かれるが，それらはいずれも1つの局面を切り取ったものでしかないかもしれない，ということは意識しておくべきであろう。
　もう1点は，学びのどの局面においても，他者の存在が一人ひとりの生徒の活動を支えているということである。自分がどこをどうわからないのかを整理していくにも「わからない」と言い合える他者の存在が有益であったし，他者がわかっていないことに対する気づきは，既に一通りの説明ができるようなことを別の角度から見直してみるきっかけになることもあった。そして，それぞれがやりとりの中で，わかった感覚と，疑問の感覚を行ったりきたりしながら，言葉にできることや，着眼点を少しずつよくしながら，自分なりに納得のいく答えの表現へ向かっていた。
　今回授業を受けた生徒たちは，伝統的な講義式一斉授業とテスト勉強による学習形態でも一定の成績を残せる生徒たちである。しかしそうであればこそ，ともすれば生徒自身もそれに満足し，学びが受動的なものにとどまってしまう

こともある。授業後の生徒アンケートに書かれた「普段の授業ではどこか他人事のように先生の話を聞いてしまうこともあります」という言葉からは，そうした状況の一端がうかがわれる。しかし，今回のように，学習環境を変えることで，彼らも自分自身で自分の考えを先に進める主体的な学びを経験することができる。こうした経験は，「答えを出せる」ことに満足せずに，答えの背景や根拠を考え深め，新たな課題を見出しながら，先へ先へと進む学び方を自分のものにすることにつながるのではないだろうか。アンケートには「容認されたことをルター派はどう受け取ったのか」「フランスはなぜオスマン帝国（イスラム勢力）と手を組むことに抵抗はなかったのか」など，本時の学びを自身で広がり深めていきうる新たな疑問も多く書かれていた。これは本時の授業をとおして，こうした主体的な学び方が既に少しずつ生徒のものになっていることの表れのように思われる。

東京大学 大学発教育支援コンソーシアム推進機構（CoREF）
知識構成型ジグソー法を用いた協調学習授業　授業案

地理歴史

学校名：	浦和第一女子高等学校	授業者：	下川　隆
		教材作成者：	下川　隆

授業日時	10月10日	教科・科目	地理歴史(世界史)
学年・年次	第2学年	児童生徒数	42名
単元名	宗教改革と当時の国際状況	本時／この内容を扱う全時数	1～2時間
教科書及び教科書会社	詳説世界史B（山川出版社）		

授業のねらい（本時の授業を通じて児童生徒に何を身につけてほしいか，この後どんな学習につなげるために行うか）
神聖ローマ皇帝カール5世は，国内・国外ともに問題を抱えた。国内では，ルターによる宗教改革，それに続く農民戦争，諸侯らによる反乱が起き，また国外では，オスマン帝国がウィーン包囲を行い神聖ローマ帝国に圧迫を加えようとし，さらにフランスのフランソワ1世とはイタリア政策をめぐり対立をしている。このような内憂外患の状況で，カール5世はルター派を一時的に容認し，状況が緩和されると再び禁止している。これは宗教改革と国際問題を同時並行に捉えなければ理解ができない。これらの要素を一度に捉えることで，この時代のヨーロッパの状況を理解させたい。

メインの課題（授業の柱となる，ジグソー活動で取り組む課題）
「カール5世はなぜルター派を容認したか」を課題とする。 その課題を考えていく中で，16世紀前半のヨーロッパの状況を理解させたい。

児童生徒の既有知識・学習の予想（対象とする児童生徒が，授業前の段階で上記の課題に対してどの程度の答えを出すことができそうか。また，どの点で困難がありそうか。）
ルターの宗教改革のついてはすでに学習をしているが，オスマン帝国についてはほぼ学習しておらず，また，フランソワ1世とカール5世の対立がそこまで印象づいていないのではないかと予想されるので，容易には結びつけることができないのではないかと思われるが，資料をきちんと読み込んで関連付けることができる生徒はそれなりにいるのではないかと予測する。

期待する解答の要素（本時の最後に児童生徒が上記の課題に答えるときに，話せるようになってほしいストーリー，答えに含まれていてほしい要素。本時の学習内容の理解を評価するための規準）
オスマン帝国のスレイマン1世に侵攻されつつあり，またフランスのフランソワ1世とイタリア政策をめぐり対立している。そして，これら両国は利害が一致して同盟を結ぶ。これらの状況を考慮し，カール5世は国内勢力を結束するために，敵対していたルター派を認めた。

各エキスパート〈対象の児童生徒が授業の最後に期待する解答の要素を満たした解答を出すために，各エキスパートで抑えたいポイント，そのために扱う内容・活動を書いてください〉
A：ルター派とカール5世との対立を理解し，神聖ローマ帝国国内ではルター派という敵を抱えていることをおさえる。 B：オスマン帝国のスレイマン1世が神聖ローマ帝国に迫っていることを理解し，東にはオスマン帝国という敵を抱えていることをおさえる。

地理歴史◆授業案　　73

C：イタリア政策をめぐり，フランス王フランソワ 1 世とカール 5 世が対立していることと，フランソワとスレイマンが後に提携することを理解し，西にはフランソワ 1 世という敵を抱えており，また，オスマン帝国との挟みうちの状況にあることをおさえる。

ジグソーでわかったことを踏まえて次に取り組む課題・学習内容

特になし。

本時の学習と前後のつながり

時間	取り扱う内容・学習活動	到達して欲しい目安
これまで	ルターの宗教改革 イタリア戦争	ルターの宗教改革の内容を理解する ルターの宗教改革後のドイツ（神聖ローマ帝国）国内の動きを理解する。 イタリアをめぐるハプスブルク家とヴァロワ家の対立について理解する。
前時	スペイン絶対王政	カルロス 1 世・フェリペ 2 世の業績について理解する。
本時	カール 5 世がルター派を容認した理由	カール 5 世が抱えた，国内外の諸問題について関連して理解する。
次時	前時のフォロー，復習，まとめ。	前時の到達目標について，より理解を深める。
この後	アウクスブルクの宗教和議	宗教和議の内容の理解と，この内容が今後三十年戦争を引き起こしていくことを理解する。

上記の一連の学習で目指すゴール

16 世紀前半のドイツ（神聖ローマ帝国）の状況を，ドイツ国内での出来事だけではなく，国際状況を踏まえた上で理解する。

本時の学習活動のデザイン

時間	学習活動	支援等
1分	課題に解答する。	机間巡視 →話の進まない班をフォローする
20分	エキスパート活動 • エキスパート資料を各自で読んで内容把握する • 予め決めておいた班に分かれて複数で内容把握を深める。	
1分	ジグソー活動のグループに移動	机間巡視 →話の進まない班をフォローする。
10分	ジグソー活動 • 予め決めておいた班に分かれて，それぞれの資料の内容確認を行う。	
15分	• 資料の内容から，課題「カール5世はなぜルター派を容認したか」を改めて考える。	時間に配慮する。 →エキスパート活動，ジグソー活動の状況を見て，課題（再）解答やアンケート記入は次時限に行う。
10分	• カール5世を取り巻く国際状況を図示する。	
残りの時間	もう1度，課題に解答する。 ※課題は前時限に解答済み アンケート記入等	

グループの人数や組み方

エキスパート活動は近くの席でグループを作る。
ジグソー活動は予め決めておいたグループで行う。特に作為を持ってグループは作らない。

地理歴史◆教材

授業の最初に各自が問いについて考える際に使用するプリントと授業の最後に各自が再度考えを書くとき使用するプリント

課題（再）

2年　組　番　氏名：

○改めて、カール5世はルター派を、一時的ではあるが、認可した理由を答えなさい。
（解答）

課題

2年　組　番　氏名：

○これまで、すでにジョン＝ウィクリフやヤン＝フスなどからカトリックに対して批判的な主張を行ってきたが、歴史的に「宗教改革」といえば、マルティン＝ルターによる改革を指す。
　カトリックを批判したマルティン＝ルターを、1521年のヴォルムス帝国議会にて帝国保護外の処分にした神聖ローマ皇帝カール5世だったが、後にルター派（ルターの主張に同調するキリスト教徒）を、一時的ではあるが、認可した（1526年）。
　なぜ敵対していたルター派を認可したのだろうか？
　現段階で考えられる理由を答えなさい。
　この理由を探ることを本日の課題とする。
（解答）

Martin Luther

エキスパート資料A

2年　　組　　番　氏名：＿＿＿＿＿＿＿

内容理解 → カール5世に関連する国内問題に着目しよう！

　十字軍などの失敗などを背景に、ローマ教皇の権威は衰えていた。16世紀前半には、ローマ教皇庁を批判する聖職者が各地で立ち上がり、改革を主張した。またこの動きを、各国の国王などが支援したため、ヨーロッパは大きな転機を迎えた。

　教皇レオ10世は、ローマのサン=ピエトロ大聖堂の改修費用を集めようとして、(※①)贖宥状(免罪符)を乱発した。これに憤慨したドイツのヴィッテンベルク大学神学教授マルティン=ルターが、1517年に(※②)「95か条の論題」を発表して、宗教改革がはじまった。

　「聖書のみ」に従い、「神のみ」によって救われると説いたルターの考え方は、教皇や教会の権威を否定することになった。彼は、教皇からの破門状を焼き捨て、教皇の盟友であった神聖ローマ皇帝カール5世が、1521年のヴォルムス帝国議会でその教説の撤回を求めても、応じなかった。しかし当時のドイツ地方は政治的に分裂しており、ザクセン選帝侯などのように、神聖ローマ皇帝や教皇と対立する諸侯も多く、かれらがルターを保護した。ザクセン選帝侯のもとに身を寄せたルターは、『新約聖書』のドイツ語訳を行い、当時普及しはじめた印刷術を利用して出版した。こうして聖書とかれ自身の聖書解釈は民衆の間にも広まっていった。

　ルターを支持する立場から、神聖ローマ帝国国内の騎士階層がまず立ち上がり、ついで農民の反乱(ドイツ農民戦争)がおこった。この農民の反乱は、トマス=ミュンツァーの指導のもとにさらに急進化し、神聖ローマ帝国内は混乱に陥った。

(※①)贖宥状：宗教上の罪をおかした者でも、教皇が発行するこの証明書を買えば、罪は許されるというもの。
(※②)『95か条の論題』(抜粋)
　1　われわれの主にして師たるイエス=キリストが、「なんじら悔い改めよ」というとき、信徒の全生活が、改悛であらんことを望んでいるのである。
　82　もし、教皇が教会をたてるというような瑣末な理由で、いともけがわらしい金銭を集めるため、無数の霊魂を救うのならば、なぜ、あらゆることのうち、もっと正しい目的である、いとも聖なる慈愛と霊魂の大いなる必要のために、煉獄から霊魂を救い出さないのであろうか。

地理歴史◆教材　　エキスパートＢ班がエキスパート活動で使用するプリント

エキスパート資料Ｂ

2年　　組　　番　氏名：

内容理解 → カール５世に関連する国際問題に着目しよう！

　1453年、ビザンツ帝国を滅ぼしたオスマン帝国は、すでに小アジアとバルカン半島を領土としていた。１６世紀初頭、セリム１世(位1512～20)はさらにエジプトのマムルーク朝を倒してエジプトを征服し、さらに領土を広げた。そして、その後を継いだスレイマン１世(位1520～66)治世にオスマン帝国は最盛期を迎えることとなる。スレイマンは、東方での反乱を抑えつつ、西方遠征へと向かおうとしていた。

　そして、1526年４月、スレイマンは10万の兵を率いて、ハンガリーへ向けてイスタンブルを出発した。当時ハンガリーを治めていたのはボヘミア、ポーランド、リトアニアの王位を占める名門ヤギェヴォ家のラヨシュ２世であったが、彼が全ヨーロッパへ出した援軍要請に対して応える勢力は１つもなかった。結果、圧倒的な戦力を誇るオスマン軍にハンガリー騎馬隊は粉砕され、約３万の兵を失った上に国王も戦死し、オスマン軍はハンガリーを攻略した。

　その後、ハンガリーの生き残った貴族は、一旦はスレイマンに臣従を誓ったが、スレイマンがイスタンブルに戻った後に後継国王をめぐり争いが起きた。ヤギェヴォ家と婚姻関係にあったサーポヤイ＝ヤーノシュが多数派だったが、結局、神聖ローマ皇帝カール５世の弟であるハプスブルク家のオーストリア大公フェルディナントが王位に就き、ヤーノシュはハプスブルク家から追放されることとなった。追放されたヤーノシュは、スレイマンに救援を求め、スレイマンはそれを受けいれた。

　ヤーノシュの救援要求に応え、スレイマンは1529年５月10日に12万の兵を率いてイスタンブルを出発した。ヤーノシュを改めて臣従させ、ハンガリー王位に就かせ、首都に向かった。数日でこの町を陥落させたスレイマンは、さらにウィーンへの進軍を命じた。

　ハンガリー進撃は予定通りいったスレイマンであったが、そこからウィーンへの侵攻はそううまくはいかなかった。大雨と洪水に悩まされ、ウィーン到着時はすでに９月末になっていた。寒さが近づくことを恐れたスレイマンは、進軍の邪魔になる巨大砲を捨ててウィーンへ急いだが、進軍の遅れのせいで、逆にウィーン側は防御態勢を万全にし、ついにスレイマンは撤退することを決意した。しかし、３年後の1532年、スレイマンは３回目のハンガリー遠征に向かうこととなる。

Kanuni Sultan Süleyman I

地理歴史◆教材

エキスパートC班がエキスパート活動で使用するプリント

エキスパート資料C

2年　組　番　氏名：＿＿＿＿＿＿＿＿

内容理解 → カール5世に関連する国際問題に着目しよう！

　政治的統一が長い間なされてこなかったイタリアに、ヨーロッパ各国はしばしば侵入を試み、その影響下におこうとした。特にスペインとフランスとの間でイタリア支配をめぐる対立が際だった。1495年、フランス王シャルル8世がナポリを占領し、これに対して、スペイン国王カルロス1世の祖父であるアラゴン王フェルナンドは、娘をハプスブルク家出身の神聖ローマ皇帝マクシミリアンの息子に嫁がせ、婚姻関係を結んでフランス包囲網をつくりあげた。これにより、シャルル8世のスペインに対する敵意はさらに深まった（ちなみに、この婚姻によって生まれたのがカルロス1世である）。

　このように生じたイタリアをめぐるフランスとスペインとの対立は、スペイン国王カルロス1世とフランス国王フランソワ1世の時代にもおよぶこととなる。

　1515年、フランソワ1世は即位後ただちに、ハプスブルクの強大化を警戒するようになっていたヴェネツィアと結んで、カルロス1世の祖父マクシミリアンの庇護を受けるミラノを攻撃してこれを破った。だがフランソワは、翌年スペイン国王として即位したカルロス1世と神聖ローマ帝位を争って敗れ（カルロス1世は神聖ローマ皇帝カール5世となる）、さらに1525年にはパヴィアで、ミラノにおけるカール5世の代官に大敗を喫し、あろうことか、スペインのマドリードで囚われの身となった。

　フランス国王は存亡の機に立たされた。だが危機の中、パリに残されたフランソワの母后と重臣が各国を説いて、反ハプスブルクの結成に努めていった。その際に、真の意味でローマ皇帝たろうとするカール5世の世界支配の野望がヨーロッパにとっていかに危険なものであるかが強調された。しかし、イギリス王もまきこんでその年のうちに同盟は結成されたが、強大なハプスブルク家の力に抗するには、それはいかにも脆弱だった。

　ブルゴーニュ、ミラノ、ナポリ、フランドルなどを放棄することを条件に、マドリードから解放されたフランソワは、ハプスブルクに対抗してヨーロッパにおける勢力均衡を作り出すため、より強大な存在の参加を模索する。そしてその存在こそが、スレイマン1世指揮下に成長を続けるオスマン帝国であった。1525年中に彼らは窮状を訴える書簡をイスタンブルへ届け、イスタンブルから同情を表す返書も得て、両者の関係は親密の度を増していった。

François I

地理歴史◆教材　　共通で配布する参考資料とジグソー活動で使用するプリント

ジグソー資料

2年　組　番　氏名：

○エキスパート活動で手に入れた知識を、それぞれ相手に説明し、内容を整理する。

〈エキスパート資料A〉

〈エキスパート資料B〉

〈エキスパート資料C〉

○カール5世を取り巻く状況を整理する。

○カール5世を取り巻く国際状況を図示する（別紙）。

〈参考〜宗教改革に関する年表〉

○1517：ルター、「九十五か条の論題」発表（宗教改革開始）
○1519：ライプツィヒ討論
　　　　－教皇派のヨハン＝エックと討論、ルターは自説を撤回せず
○1520：フランス王・フランソワ1世とイギリス王・ヘンリ8世が会見
　　　　－カール5世に対抗するための協議
○1521：ヴォルムス帝国議会（ルター、自説を撤回せず）
○1521：カール5世とフランソワ1世の対立激化
　　　　－イタリア戦争で本格化
○1522〜23：騎士戦争（ルター派騎士による）
○1524〜25：ドイツ農民戦争（ルター派農民による、ミュンツァーの指導）
○1526：第1回シュパイアー帝国議会（皇帝、ルター派布教承認）
○1529：第2回シュパイアー帝国議会（皇帝、ルター派再禁止）
○1529：ウィーン包囲（by オスマン帝国・スレイマン1世）
○1530：シュマルカルデン同盟結成（ルター派諸侯による同盟）

80　第2章　実践例

平成27年度 未来を拓く「学び」プロジェクト 授業者振り返りシート

授業日時/教科・単元　平成27年10月10日（土）／地理歴史（世界史）・宗教改革

授業者　下川　隆　　教材作成者　下川　隆

1. 生徒の学習の評価（授業前後の変化）
(1) 3名の生徒を取りあげて，同じ生徒の授業前と授業後の課題に対する解答がどのように変化したか，具体的な記述を引用しながら示して下さい。実技教科等で生徒の直接の解答が取れない場合は，活動の様子の変化について記して下さい。

生徒	授業前	授業後
1	ルター派の国民が多く，認可しないと攻められる危険性があったから。	神聖ローマ帝国内はルター派を認めていなかったことで荒れていたが，周りの国から攻められる危険性が非常に高くなり，それに対抗するには国内を一つにまとめなければならないと考えたから。
2	・ルター派が増えて認可しないと自分の位すらあやうかったから？ ・ルター派をOKするメリットが大きかった ・諸侯がルター派化した？	国内でルター派が増えてしまい，諸侯，農民，騎士などにも広まって反乱も起こっていた中で，元々敵対していた反ハプスブルク（ex 仏）がオスマン帝国と手を組んでしまう。 ハンガリーにも攻め込まれて，国内国外共に大変になり，国外に力をいれるためにルター派を一時認めて，国内の問題をなんとかした。
3	ルター派が増えて，農民らと組んで反乱を起こすことを恐れた	フランスやオスマン帝国と対立している中で，国内が乱れている状態を断ち切らないと，両国から攻められて帝国そのものが崩壊する可能性があり，ルター派を一時的に認めることで，状況を打開したかったから。

(2) 生徒の学習の成果について検討して下さい。授業前，授業後に生徒が答えられたことは，先生の事前の想定や「期待する解答の要素」と比べていかがでしたか。

　ほぼ達成できている。

2. 生徒の学習の評価（学習の様子）
　生徒の学習の様子はいかがでしたか。事前の想定と比べて，気がついたこと，気になったことをあげてください。

　ほぼ想定のとおり進行していった。しいて言えば，普段あまり発言のない生徒も活発に行っていた。

3. 授業の改善点
　生徒の学習の成果や学習の様子を踏まえ，次の3点について今回の授業の改善点をあげて下さい。

（１）授業デザイン（課題の設定，エキスパートの設定，ゴールの設定，既有知識の見積もりなど）

- エキスパート資料について，Aの資料に比べ，B・Cがやや難しい資料となった。特にBについては，もう少し削る等の工夫があってもよいかもしれない。
- 今回は年表を付したが，逆にゴールから遠ざかろうとしてしまった班もあり，ありがた迷惑だった感がある。

（２）課題や資料の提示（発問，資料の内容，ワークシートの形式など）

　　上記と重複するが，エキスパート活動の資料についてもう少し絞ってもよかったか。

（３）その他（授業中の支援，授業の進め方など）

- 今回は，あまり机間巡視をせず，常に全体を眺めて，あまり進展していない班を見つけようとした。このスタンスのほうがよいかな，と感じた。
- 資料をもう少しだけコンパクトにして，65分で完全に終了できるような工夫が必要か。

授業者に聞く

下川　隆先生（埼玉県立浦和第一女子高等学校　地歴科）

Q 下川先生は6年間研究に携わっておられますが，「知識構成型ジグソー法」の授業はどのくらいの頻度で，どういった場面で活用されていますか？

A ジグソー自体は頻度としては学期に2，3回程度やれればという感じです。基本的には今回の授業もそうですが，外交関係のような複数の要因を組み合わせて説明させたり，複数のものを関係づけたりしていくところが世界史においてはジグソーの使いどころかと個人的には感じています。例えば，「銀の流通」というテーマで，銀が流入する要因（pull），反対に，銀を出す要因（push）を組み合わせて説明していく授業なども実践しています。あとは，これはまだ計画段階なのですが，華僑・苦力といった中国からアメリカ・東南アジアに出ていく人たちがいるときに，彼らが「中国から出ていく背景」「アメリカ・東南アジアに入っていく背景」のような，複数のものを関係づけていくところでも実践してみたいですね。3つの要素が羅列にならず，組み合わせる過程が発生することに意義があるのだと思っています。

Q 確かに，生徒の気持ちになってみると，「どういう関係になっているのか」というのは腑に落ちない，資料集などに何種類も図があっても結局なんだかわからないという印象もありますね。

A そういうところについて，実体験をもって「あぁ！　そういうことだったんだ」というのを感じてほしいですね。もちろん，座学でもそれを感じられる生徒もいると思います。ただ，本校のような進学校でも教員がしゃべっていることを受け身で捉えるだけの生徒もおります。そういった生徒にはこうした学習が有効なのではないかと感じています。

Q 先生の勤務校はほとんどの生徒さんが4年制大学に進学します。こうした授業で大学入試に通じる学力がつくのか，という点はどうお考えでしょうか？

A 僕はここでやっている学びと入試学力はかなり関係があると思っています。特に最難関大学，東大や一橋で求められるような論述というのは，1つの要素だけでは書けません。地域をまたがったり，時代をまたがったりといったジグソー的な発想は，生徒が入試で使えないといけないところになります。

論述の対策として少人数で討論させるという取り組みも行っているところもあると聞いています。やはり「え？　こうなんじゃないの」と自分で考えてやっていくことがすごく生徒の頭に残る学習になるということだと思います。

私自身も，ジグソーでない普段の授業の中でも，些細なことですが，前に学習した内容について「〜について説明せよ」といったシンプルな課題に即して，まず一人で考えて，それから隣同士で考えたことを確認しあって，といった時間は設けるようにしています。

Q この知識構成型ジグソー法の授業は，どんな点で生徒の力を伸ばしていると感じますか？

A 様々な力を伸ばせると思います。まず学力ですね。知識が増えるのはもちろんですが，書いてあることを客観的に読み取る読解力，課題解決に向けて読み取ったことがどうつなげられるかを考える力，要約する力，そして知識もつきます。

学力以外にも，相手の出方をはかりながら話をしていくようなコミュニケーションの力も伸びますよね。私がよく言うのは，友達をつくるコミュニケーション能力と仕事で必要なコミュニケーション能力は別物だということです。仕事をやったり，勉強をしたりしていくうえでのコミュニケーション能力は友達をつくるのとは別物だと思うんですね。ウェットなつながりとは違う，「この課題解決のために」という割り切ったつながり。そういった意味でのコミュニケーション能力，そのための技術がこういった学習を通じて育つのではないで

しょうか。あと大事なのは，こういった対話的な授業の中で，やりとりを眺めている生徒の存在です。そういった生徒がたまに俯瞰的な視野から大事なことを言うことがあります。そういった多様な役割を生徒どうしが認めること，教員の側も認めてあげることが大事で，「あの子はコミュニケーションとっていないからダメ」なんてことは全然ないんです。この学習でこういったいろんな能力が試されているな，と感じます。

Q 具体的にはどんな場面で生徒の力の伸びを感じますか？

A 今回の授業でもそうでしたが，課題に対して的を射た解答ができるようになっていること，特に定期考査の点数から見ると決して高くない生徒が「これはこうで〜」などと説明できているところを見ると，「この生徒はやればもっとできるんじゃないか」と感じさせられます。普段全然授業に積極的ではない生徒も一生懸命取り組んでいたり，そういった普段と違った姿が教員に見える。「これはこうでこうでこうじゃない？」「わかんない！」みたいなやりとりの中で生徒が理解を作り上げていくところを見ていると，ここでいろんな力がついているなと感じることができます。

Q 最後に，これから取り組んでみようとする先生方に一言お願いします。

A まず，失敗を恐れないでいただきたいということです。まずはやってみることが大切です。やってみる中でいろんな反省事項が出てきますから，それを次に生かせばよいと思います。

　2つ目に，これは私のポリシーですが，「ジグソーの教材を作ればいいってものじゃない」ということでしょうか。手段が目的化してしまってはいけない。ジグソーをやりさえすればよいではなくて，「このねらいだからジグソー」というこだわりを持ってほしい。私の場合は，一見バラバラな事象が「あぁ，こういうふうにつながるんだ！」という教材を目指しています。そういうこだわ

りは持ってほしいです。教材を作るのは正直楽ではないですが，教材作成自体が本当に自分の勉強になります。すでにできている教材もあるので，まずはそういったものを借りてやってみるところから入ってもいいでしょう。その先に，自分でしっかり考えて，しっかりねらいや哲学を持って教材作成に取り組むことができるとよいのではないでしょうか。

数学

「確率」での実践例
「空間図形上を移動する点についての確率」

(1) 実践の概要

本節で取り上げる実践は，埼玉県立大宮光陵高校白石紳一教諭によって高校3年生数学・数学探求で実践された「空間図形上を移動する点についての確率」の授業である。生徒数は20人である。

大宮光陵高校は，70％程度の生徒が4年制大学に進学する中位の進学校である。難関大学を受験する生徒がそれほど多いわけではないが，「数学探求」の授業を選択しているのは，数学を使って入試を受けることを視野に入れている生徒たちが多い。そのため，白石教諭は，入試問題の演習をとおして，問題の解き方を思考し表現する力を身につけさせることに重点をおいた授業を展開している。

白石教諭の「数学探求」のカリキュラムは，知識構成型ジグソー法による演習と一斉授業による解説の連携をすることにより，生徒自身が，教師の提示する情報を自分の知識に組み込みながら，自分で考えを進めていくことが目指されている。一斉授業は，解答自体の解説でなく，発想法や，重要な定理や数式に関する思考過程を解説する時間として計画されている。こうしたカリキュラムデザインは，問題の解き方を解説し，反復練習させても，生徒が自分で新しい問題を解ける力はなかなか身につかないという問題意識に基づき，試行錯誤の果てに確立されたものであるという。

本時の授業デザインを表2-10に示す。メインの課題となったのは京都大学の入試問題（2007年）である。問題を解くのに要求される知識は確率の基本的な知識であるが，n+1秒後の点Pの位置とn秒後の点Pの位置の関連を捉え，P_nとP_{n+1}の関係を漸化式として表現するためには，文章から現象を数学的にイメージし，分析して，意味と事実関係を把握し，式に表現する高い思考力が要求され，難解な問題である。しかし今回のデザインでは，日々の授業をとおし

表2-10 「空間図形上を移動する点についての確率」の授業デザイン

課題	四角形 ABCD を底面とする四角錐 OABCD を考える。点 P は時刻 0 では，頂点 O にあり，1 秒ごとに次の規則に従ってこの四角錐の 5 つの頂点のいずれかに移動する。 規則：点 P のあった頂点と 1 つの辺によって結ばれる頂点の一つに，等しい確率で移動する。 n 秒後に点 P が頂点 O にあった確率を p_n とするとき，p_{n+1} と p_n の関係式を求めよ。
エキスパートA	位置を表す関数と確率の関係をグラフ化
エキスパートB	課題状況を具体的にイメージするための設問
エキスパートC	サイコロの出目に従って移動する点についての確率
期待する解答の要素	①点 P が n 秒後に O にあるとき $p_{n+1}=0$ であり，点 P が n 秒後 O になければそれぞれ $p_{n+1}=\frac{1}{3}$（場合わけ） ② n 秒後点 P が O にある確率を p_n としたとき，O にない確率は $1-p_n$（余事象） 解答例）p_{n+1} は，n+1 秒後に点 P が頂点 O にあった確率。このとき n 秒後 P は O 上にいない。これは，p_n の余事象のため，確率は，$(1-p_n)$。ABCD から O に移動する確率は，$\frac{1}{3}$。よって，$p_{n+1}=\frac{1}{3}(1-p_n)$。

て培ってきた力を引き出すことを意図し，あえて直接的なヒントをエキスパート部品とせず，考え方の手がかりとなる視点を提示するにとどめた。一連の授業は50分授業3コマ＋αで行われた。前時は，まずは1人で問題に取り組み，エキスパート活動，ジグソー活動をそれぞれ1時間で行い，3時間目にクロストーク及び教師の解説を行い，4時間目にポストテストと振り返りを行っている。教師の解説は，漸化式の意義と解き方の説明を中心に行われた。

（2）学習成果―授業前後の理解の変化から―

　ここでは，プレとポストのテストの記述を分析し，生徒の解答と問題の捉え方という2つの視点から理解の変化を確認する。

　図2-4は，表2-10に示した期待する解答の要素①・②を含む解答を出せた生徒の割合を示すグラフである。それぞれの要素を間違いなく記述できているものは「完全」，数値の誤りを含む記述や，式にまで表現できず途中で終わっている記述などを「不完全」とした。

　要素①については，授業前にうまく場合分けできた生徒と場合分けを試みたが不完全な形で終わっている生徒を合わせても45％であった。対して授業後に

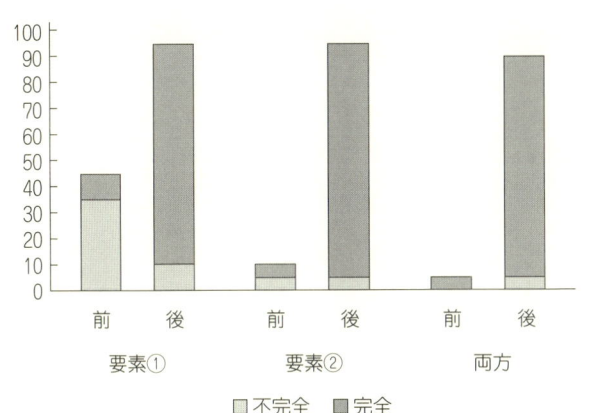

図2-4　授業前後の理解の変化
（単位は％　N＝20）

は，85％の生徒が完全に記述できるようになっており，不完全ながら記述できるようになった生徒も合わせると，95％に達していた。要素②については，授業前には完全に記述できた生徒と考え方に気づいたが式にまで表現できなかった生徒を合わせても10％であったが，授業後には90％の生徒が完全に記述できるようになっており，不完全ながら記述できるようになった生徒も合わせると，95％に達していた。最終的に期待する解答の要素2つを両方とも踏まえ，完全な正答を書くことができた生徒の割合も，授業前の5％から授業後には85％と，大きく増えていた。授業をとおして，大多数の生徒が，期待する方向に向けて理解を深めることができたと言えよう。

（3）ジグソー活動における建設的相互作用

　生徒たちの理解の過程には，どのような相互作用があったのだろうか。あるジグソー班の会話を見てみよう。班のメンバーは，エキスパートAを担当した相沢さん，エキスパートBを担当した米田さん，エキスパートCを担当した利根川君の3人である。

　このグループは，エキスパートの報告を終え，課題に取り組み始めた当初，「樹形図や表を使った全事象の数え上げ」という，期待とは異なる方針で課題にアプローチしようとしていた。解答の出発点となる情報を担うエキスパート

Aの資料を担当した米田さんは,「Pn+1は, n+1秒後に点Pが頂点Oにあった確率」と発言しており,報告すべき情報を正しく伝えていた。しかし,聞いた2人にはピンと来ず,そこを出発点として解答を作ることにならなかったのである。利根川くんの「そんなまわりくどいことするかなぁ…？」という発言を受け,「何かよくわかんないからさー,とりあえず, 1からで, 1からでやってこう」という相沢さんの提案で, 3人は1秒後から順番に全事象を具体的に数えていくことになった。

　こうした場面は,アクティブ・ラーニングの授業で想定される心配な出来事の1つであるだろう。教師がいれば,「米田さんの言うこと聞いてみて」等と,正しい方向に活動を導くこともできる。しかし,アクティブ・ラーニングの授業ではそうした支援ができないことにより,生徒が迷路に入り込んでしまう可能性がある。事実,このグループでも,この後10分以上,ワークシートの裏に樹形図と表を書くことに没頭する時間が続いた。

　ところが,状況の変化は自然と訪れた。次の場面は,先の引用から12分ほどが経過した時点の会話である。（　）は引用者による注である。

利根川：これなんかドツボな気がするんだけど気のせい？
相沢：とても不安になってきた。
米田：なんか無限につながりそう。
利根川：止まらないよね, これ。
相沢：だって, これがまた来たら, これがまたここにはまるんでしょ？（PがABCDに来たら, 何秒後でも3通りの道筋があることを指摘している）。
利根川：前回やったのって（前時に扱った別の確率の問題◆のことを指している）, 1回通った道, 通っちゃいけないでしょ。
米田：そうそう, でもこれは, 1回通った道を通っていいから。
相沢：やべぇじゃん。
米田：だから。無限に, もう止まらないよね。
利根川：止まらないよね。
相沢：回れ回れメリーゴーランド, もう決して止まらない〜（歌い始める）

◆ 前時に扱った四面体の電流通電確率を求める東京大学の入試問題（1999年）は, 樹形図で解くことができる問題であった。

米田・利根川：うーん
相沢：じゃあ，樹形図はやめたほうがいい？
米田：樹形図はだめだね。

　3人は，実際に樹形図を書きながら考えてみることにより，自発的に自分たちの取っている全事象を樹形図で数え上げる方針の限界に気づいたのである。利根川くんは，前時の別の問題と結びつけて，方針の限界を根拠づけており，米田さんもそれに同意している。数え上げの方針を提案した相沢さんも，「やめたほうがいい？」と述べている。3人は，自分の頭で考え，方針を見直し，納得を持って次のやり方を探すことになったのである。
　納得のうえで起こった方針転換からゴールは近かった。この後，5分ほどで3人は正しい方針による解答を書き終えた。その場面の会話を以下に示す。

相沢：樹形図は保留にしとこ，7秒後のこと考えよ
米田：n＋1秒後っていうのは…，n＋1秒後Oにあるってことでしょ？（ぶつぶつつぶやいている）
相沢：どうしよっか。7秒後のこと考える？　でも，たぶん，えっとね，9秒まではこれがいける気がするんだよね。1，2，3，4，5，6，7，8，9だから，10秒からまた変わると思う。あれ？　もしかして全部2かな？　いや，そんなことない，1，2，3，4，5，6，7，8，…うーん，難しいな
米田：n＋1秒後にさ，
利根川：うん。
米田：えっと…点Oにある，点Pがね，点Oにある確率がPn＋1じゃん。
相沢：うん。
利根川：ごめん，も1回。
米田：うふふふ，n＋1秒後に，点Oに点Pがある確率がPn＋1じゃん。
利根川：うん
米田：ってことは…その，それを考えると，あっちで（エキスパート活動で）やったんだけど，n＋1秒後に点Pが頂点Oにある確率が1/3(1－Pn)。それはなんでかっていうと，これね，これなの。
　なんでかっていうと，その，n＋1…じゃなくて，n，n回目，に，絶対に，ここ，

　　　　ここにないと（図の ABCD を示して）n＋1回目に O にならないじゃん。
相沢・利根川：うん。
米田：ABCD にないと。ってことは，これの，余事象だから，n 秒後に点 P が O になければ n＋1 に…
相沢：あー，
利根川：これは，n＋1にいない，ってことを表してるのね。
米田：そう，そうそうそう。これの，反例なの。n 秒後に頂点 O にない確率なのね，ここ（1 − Pn）が。
利根川：なるほど。
相沢：うん。
米田：n＋1回目に点 P が頂点 O にある確率がこれなの。
利根川：ああ，A〜D のどこからか，O に向かう確率か。
米田：そうそうそうそう，だから，それ考えると，Pn＋1 = 1/3(1 − Pn) っていう式が立てられるんじゃないかって。
利根川：ああ，そのままこれ持ってこられる。
相沢：あー，あー，そっかぁ。
利根川：ちょっと，その式は？
相沢：そのままみたいな？
米田：じゃな…いかな？って思って。
相沢：複雑なことは考えるな，と，「落ち着きなはれ」って？
米田：そうそうそうそう。
利根川：ははは。（笑）
相沢：ん？　これの1/3は（図の四角錐の辺を鉛筆でなぞりながら）更に，3つのうちからっ…て，ことか。書こ，とりあえず。ちょっと書くか。とりあえず。n＋1が，あ？　n＋1秒後か，…秒後に，
利根川：これが点 P か。
相沢：…秒後に，点 O にある確率が，イコール，n＋1秒後に点 O にあるってことは，Pn に，Pn が，ABCD のどっかにあるってことか。
米田：そうそうそうそう。
相沢：Pn は O にないってことか。
米田：そう。
相沢：O に，

米田：Pnっていうかn秒後にはPはOにないから，
相沢：ああ，そっかそっか，n秒後は，
米田：Oにない。
相沢：Oにいちゃだめなのね。
利根川：確率か，確率か，これ？
相沢：ってことは，1－Pnってことか。はー！　怖いよ！

　ジグソー後，クロストークでの発表を買ってでたのは相沢さんであった。相沢さんは，「Pn+1っていうのは，n+1秒後にPが頂点Oにあったときの確率です」という言葉から説明を始め，「n秒後のときに点PがOにあっちゃいけないってことです…Pnと逆だっていうのわかります？　つまりは余事象」と言葉をつなぎ，正しく解答を説明し終えた。先に引用した場面では，米田さんがやりとりをリードしていたが，相沢さんも漸化式の考え方を自分のものにしていたようである。表2-11に示すのは，相沢さんの授業前後の解答である。期待する解答の要素2つを踏まえた正しい解答をきちんとつくることができている。米田さん，利根川くんも，正しい解答を，それぞれの表現で導いていた。
　こうした理解の変化を見るとき，彼らが既習事項の誤解釈から「迷路に入り込んだ」ことも，必ずしも無意味な遠回り，避けるべき出来事ではなかったのかもしれない，と思えてくる。「迷路」があったからこそ，生徒たちは，自分た

表2-11　授業前後の相沢さんの解答

授業前	授業後
各点において1秒後に$\frac{1}{4}$の確率でどこかの点に移動するので， $p_n=\left(\frac{1}{4}\right)^n$（n≧2）←1秒でOに戻れないので。 $p_{n\neq 1}=\left(\frac{1}{4}\right)^{n\neq 1}$ $=\left(\frac{1}{4}\right)^n\times\frac{1}{4}$ $=\frac{1}{4}p_n$	p_{n+1}とはn+1秒後に点Pが頂点Oにある確率である。これが成立するにはn秒後に点Pは頂点Oにあってはいけない。つまりp_nの余事象である。 　　$1-p_n$…① さらにA～Dにいる点Pが頂点Oに進む確率は 　　$\frac{1}{3}$…② ①②を組み合わせて， 　　$p_{n+1}=\frac{1}{3}(1-p_n)$ 　　$p_{n+1}=\frac{1}{3}-\frac{1}{3}p_n$

ちが今妥当だと思う方針の限界を自分で自覚する機会を得ることができた。こうした機会を得ることで，自分のあらかじめ持っていた考えと，資料で提示された知識が確かに結びつき，自分なりの言葉で正しい解を構築することを可能にしたと考えることもできる。「間違う」「悩む」といったことはこれまで学びにおいてネガティブなものとしかみなされていなかっただろう。しかし，私たちが無意識に持っている学びの前提を見直してみるとき，子どもたちの潜在的な学びの力を引き出しながらのばす授業のあり方はより明確になってくるのかもしれない。

　上でみたように彼らは確かに，迷路を自分たちで打開する力があった。そうした経験を積み重ねることが，いざというとき，答えを知らない問題に対して，自分の頭で考えながら解を構築してみる力につながってゆくだろう。「本当の意味で数学がわかるようになり，クラス順位が37位から１ケタまで来た」これはこのクラスの生徒の一人が白石教諭の「数学探求」の授業を振り返って書いた感想である。彼の言葉は，私たちの新しい道を示す１つの手がかりと言えるのではないだろうか。

東京大学 大学発教育支援コンソーシアム推進機構（CoREF）
知識構成型ジグソー法を用いた協調学習授業　授業案

数学

学校名： 埼玉県立大宮光陵高等学校　　授業者： 白石　紳一
　　　　　　　　　　　　　　　　　　教材作成者： 白石　紳一

授業日時	平成27年11月4日（水）	教科・科目	数学・数学探求
学年・年次	3年生	児童生徒数	20名
単元名	確率	本時／この内容を扱う全時数	3時間
教科書及び教科書会社	ニューグローバルβ　数学Ⅰ＋A＋Ⅱ＋B　東京書籍			

授業のねらい（本時の授業を通じて児童生徒に何を身につけてほしいか，この後どんな学習につなげるために行うか）

- 月曜日に行った東京大学（1999）の四面体回路における電流のブリッジ回路確率計算モデルの考え方を基に，協調学習後の一斉授業で京都大学（2007）空間図形上を移動する点についての確率を漸化式として表現し，それを解くことから確率が求められることを知る。
- 空間図形上を移動する点についての確率のモデルを考える方法を身につける。
- 単に問題を解くということではなく，話し合い，考えることから，本概念についてのバグの修正を行い，問題を解く過程を楽しむ。
- 問題に関連した複数の課題を解く事から，問題に関連した数学の概念を深める。
- 改善授業で身に着けた数学コミュニケーション力を元に知識構成型ジグソー法を行うことから，中教審で指摘されている主体的に考える力を確実なものにしていく。

メインの課題（授業の柱となる，ジグソー活動で取り組む課題）

- 問題文の言葉から，空間図形上を移動する点についての確率について，n回目とn＋1回目の関係を漸化式として表現する。
- 課題について1問題の種類2問題の分析3解くための方法4検証を使って思考し，思考の過程を表現することができる。

児童生徒の既有知識・学習の予想（対象とする児童生徒が，授業前の段階で上記の課題に対してどの程度の答えを出すことができそうか。また，どの点で困難がありそうか。）

- 既に生徒は，3回知識構成型ジグソー法を行っている。コミュニケーションを行うことが理解に結びつくことは，実感している生徒が多い。
- 一斉授業で，中教審で提言された改善授業のスタイルで，数学入試問題の思考過程訓練を約半年つんでいる。少なくとも，エキスパートBのガイドを手がかりに問題を解いていくことが可能である。
- 京都大学（2007）の問題は，高校生にとって困難な問題であるが，問題の捉え方・考え方を類似の問題から考えることができる。
- 「p_{n+1}の前の状態」及び「そのときの確率」を把握するのは，困難である。n回目とn＋1回目の位置関係と移動による確率の関係が把握できない。

期待する解答の要素（本時の最後に児童生徒が上記の課題に答えるときに，話せるようになってほしいストーリー，答えに含まれていてほしい要素。本時の学習内容の理解を評価するための規準）

- n回目の確率。位置を言葉で表現することができる。
- p_{n+1}の前の状態。あるいは，そのときの確率。を言葉で表現できる。n＋1回目に，点Pが，頂点Oにある確率を言える。同時に，n回目に点Pが，頂点Oにない確率も言える。

- p_{n+1}の時のPの位置を言える。同時にその前の位置を言える。
- 何が分からないかを言葉で表し，自発的に，自分や他人のバグ概念に気づくことができる。
- Oからの移動とABCDからの移動では，確率が異なることを表現することができる。
- p_{n+1}とp_nの関係式を書くことができる。

各エキスパート〈対象の児童生徒が授業の最後に期待する解答の要素を満たした解答を出すために，各エキスパートで抑えたいポイント，そのために扱う内容・活動を書いてください〉

エキスパートA　位置を表す関数と確率の関係を把握しながら，関数をグラフで表す。位置を関数で表すことを学ぶ。
エキスパートB　入試問題を解くための複数の視点（最終解答に至るPの位置と確率との関係の質問は，省いている）。エキスパートBは，問題解法への言葉のガイドとなっている。
エキスパートC　サイコロを振り，偶数と奇数のときの位置の確率求める。場合によって位置が変わることを学び，位置に対応する確率の変化を学ぶ。
多様な視点から，議論を深め，アイディアを出し合い，課題について，知識を活性化させたい。

ジグソーでわかったことを踏まえて次に取り組む課題・学習内容

- 漸化式を使い，確立の問題を解く。
- 確率のモデルを把握することを意識しながら，正確なカウントの仕方について言葉と図を用いながら身に着ける。
- 場合の数，順列組み合わせ，確率の入試問題

本時の学習と前後のつながり

時間	取り扱う内容・学習活動	到達して欲しい目安
これまで	入試問題の思考訓練と表現力の訓練。	入試問題の発想力を身につけることと数学的現象を言葉で表現できる。
前時	プレテスト（15分） 1999年東京大学の問題を一斉授業で説明する。四面体回路からブリッジ回路の確率計算。	プレテストは，京都大学の問題に対する現状の力の把握。 東大の問題を通して確率のモデルを把握して，確率の式を求める考え方を身につける。
本時 2限	エキスパート活動 エキスパートA　位置を表す関数と確率の関係を把握しながら，関数をグラフで表す。 エキスパートB　入試問題を解くための複数の視点（最終解答に至るPの位置と確率との関係の質問は，省いている） エキスパートC　サイコロを振り，偶数と奇数のときの位置の確率求める ジグソー活動	エキスパート目標の把握 バグ概念への気づき
本時 3限	ジグソー活動 多様な視点から，議論を深め，アイディアを出し合い，課題について，知識を活性化させたい。 クロストーク 漸化式のまとめの解説。漸化式を解いて，漸化式の意義の説明を一斉授業で行う。	エキスパート目標の把握 ジグソー目標の把握 バグ概念への気づき 問題全体についての構造的理解

| この後 | ポストテスト
アンケート
場合の数，順列組み合わせ，確率の入試問題 | 確率のモデルを把握することを意識しながら，正確なカウントの仕方について言葉と図を用いながら身に着ける。 |

上記の一連の学習で目指すゴール

バグ概念を気づき，自発的に修正する力を発揮する。確率のモデルを把握することを意識しながら，確率計算を言葉と図を用いながら表現する力を伸ばす。主体的に考える姿勢を発揮する。入試問題を楽しみなら解く。

本時の学習活動のデザイン

時間	学習活動	支援等
5分	授業の流れを説明 本日の目標を確認	プリント「座席表」
25分	エキスパート活動	A，B，C別にプリント学習。 分からない時には，周囲に聞く。 エキスパート活動でも，互いに相談するように促す。 プリント「エキスパートA」「エキスパートB」「エキスパートC」 エキスパートは途中でも，ある程度活動が進んだら，ジグソー活動に入る。
45分	席替え・ジグソー活動	ジグソー活動では，自立的な生徒の活動が大切なので，できるだけ，教師からの働き掛けはしない。
	休憩	プリント「ジグソー活動」 2限と3限の休憩 以後は，ジグソー活動の進捗状況に応じて柔軟に対応する。
10分	クロストーク	各班の考えを良く伝えられるように配慮する。
15分	授業のまとめ	把握した内容について，数学的に整理して説明する。 漸化式として捉えて解けることを説明する。

グループの人数や組み方

エキスパート活動では，
　席の塊で，エキスパートA（6人）
　　　　　　エキスパートB（7人）
　　　　　　エキスパートC（7人）
ジグソー活動では，席替えで，ABC 3人一組（4班）及び4人1組（2班）にする。
班は，番号順に並べ，誰がどこの班に入るかは，特に配慮しない。

数学◆教材　　授業の最初に各自が問いについて考える際に使用するプリント

注：ポストテストは同一の問題を使用

プレテスト

　　　　　　年　　組　　番氏名

※解答は、必ず線の右側に記入すること。線の左に書いたものは、採点しない。
※妥当な意味と解答を作れる具体性が書いてあれば、できるだけ評価することとする。

問　次の問題について①～⑥を記入しなさい
① 問題の種類
② 問題の分析
③ 解くための方法
④ 方法で解ける為の検証
⑤ 解答を作るための計画
⑥ 解答

　四角形 ABCD を底面とする四角錐 OABCD を考える。点 P は時刻 0 では、頂点 O にあり、1 秒ごとに次の規則に従ってこの四角錐の 5 つの頂点のいずれかに移動する。
規則：点 P のあった頂点と 1 つの辺によって結ばれる頂点の一つに、等しい確率で移動する。
n 秒後に点 P が頂点 O にあった確率を p_n とするとき、p_{n+1} と p_n の関係式を求めよ。

エキスパートA

年　組　番　氏名

> 数直線の原点上にある点が、以下の規則で移動する試行を考える。
> ＜規則＞
> サイコロを振って出た目が奇数の場合は、正の方向に1移動し、出た目が偶数の場合は、負の方向に1移動する。
> k回の試行の後の点の座標をX（k）とする。

(1) $X(6)=0$ である確率を求めよ。
　（ヒント）奇数の目が3回、偶数の目が3回出れば、$X(6)=0$ である。

答　$\dfrac{5}{16}$

(2) $X(1)\neq 0$，$X(2)\neq 0$，$X(3)\neq 0$，$X(4)\neq 0$，$X(5)\neq 0$，$X(6)=0$ となる$X(k)$の移動グラフを、4つ描きなさい。（一つは、すでに描いてある）

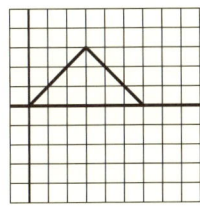

(3) $X(1)\neq 0$，$X(2)\neq 0$，$X(3)\neq 0$，$X(4)\neq 0$，$X(5)\neq 0$，$X(6)=0$ となる$X(k)$の確率を求めなさい。

答　$\dfrac{1}{16}$

エキスパート班で話し合い、学習で分かったことを、①問題の種類、②問題の分析、③解くための方法　について言葉でまとめなさい。
①

②

③

エキスパートB

年　組　番　氏名

四角形 ABCD を底面とする四角錐 OABCD を考える。点 P は時刻 0 では、頂点 O にあり、1 秒ごとに次の規則に従ってこの四角錐の 5 つの頂点のいずれかに移動する。
規則：点 P のあった頂点と 1 つの辺によって結ばれる頂点の一つに、等しい確率で移動する。
n 秒後に点 P が頂点 O にあった確率を p_n とする。

次の質問に答えよ。

(1) n+1 回目に、点 P が、頂点 O にある確率は？

(2) n+1 回目に点 P が、頂点 O にない確率は？

(3) p_{n+1} とは？　どういうことか言葉で表すと

(4) O からほかの点に移動するときの確率は？

(5) A からほかの点に移動するときの確率は？

エキスパート班で話し合い、学習で分かったことを、①問題の種類、②問題の分析、③解くための方法　について言葉でまとめなさい。
①

②

③

エキスパートC

年　組　番　氏名

数直線上を原点から出発し、次の規則で移動する点Pがある。
1個のサイコロを投げて、出た目が5以上の場合は、正の向きに2進み、出た目が4以下の場合、正の向きに1進む。
サイコロをn回投げたとき、Pの座標が偶数の座標になる確率をa_nとする。

(1) a_1, a_2, a_3を求めよ。

（ヒント）サイコロを3回投げて、Pの座標が偶数になるのは、
(i) 4以下の目が2回、5以上の目が1回出る。これは、反復試行の公式で計算できる。
(ii) 5以上の目が3回出る。
のいずれかが全てである。

答　$a_1 = \frac{1}{3}, a_2 = \frac{5}{9}, a_3 = \frac{13}{27}$

(2) a_{n+1}をa_nを用いて表せ。

（ヒント）サイコロをn+1回投げて、Pの座標が偶数になるのは、
(i) n回投げたときPの座標が偶数で、n+1回目に5以上の目が出る。
(ii) n回投げたときPの座標が奇数で、n+1回目に4以下の目が出る。
のいずれかの場合が全てである。2つの事象は、排反事象であるので、和の法則が使える。

答　$a_{n+1} = -\frac{1}{3}a_n + \frac{2}{3}$

エキスパート班で話し合い、学習で分かったことを、①問題の種類、②問題の分析、③解くための方法　について言葉でまとめなさい。

①

②

③

数学◆教材

ジグソー活動で使用するプリント

ジグソー活動

| 班 | 氏名1 | 氏名2 | 氏名3 | 氏名4 |

発表者　　　　　　　　記録者

各班で、問題を解く過程を下記に記述する。

四角形 ABCD を底面とする四角錐 OABCD を考える。点 P は時刻 0 では、頂点 O にあり、1 秒ごとに次の規則に従ってこの四角錐の 5 つの頂点のいずれかに移動する。

規則：点 P のあった頂点と 1 つの辺によって結ばれる頂点の一つに、等しい確率で移動する。

n 秒後に点 P が頂点 O にあった確率を p_n とするとき、p_{n+1} と p_n の関係式を求めよ。(2007 京都大学改)

（1）ジグソー学習で自分が分かったことを、①問題の種類、②問題の分析、③解くための方法　について言葉で表現する

（2）A，B，C の 3 つのエキスパートをどこで使ったか

感想1	感想2	感想3	感想4

102　第 2 章　実践例

平成27年度　未来を拓く「学び」プロジェクト　授業者振り返りシート

授業日時／教科・単元　平成27年11月4日／数学・確率

授業者　白石紳一　　　教材作成者　白石紳一

１．生徒の学習の評価（授業前後の変化）

（１）3名の生徒を取りあげて，同じ生徒の授業前と授業後の課題に対する解答がどのように変化したか，具体的な記述を引用しながら示して下さい。実技教科等で生徒の直接の解答が取れない場合は，活動の様子の変化について記して下さい。

生徒	授業前	授業後
1	①確率　関係式 ② ③n秒後の点Pの位置が頂点O 　1　2　3　4　（秒） 　$\frac{1}{4}$　$\frac{1}{3}$　$\frac{1}{3}$ or $\frac{1}{4}$ $P_{n+1}=P_n$ $P_n=P_{n-1}$ $P_n=P_{n-1}=P_{n-1}$ n＝3のとき $p_{n+1}=\frac{1}{4}\times\frac{1}{3}\times\frac{1}{3}\times\frac{1}{3}=\frac{1}{108}$ $\frac{1}{4}\times\frac{1}{3}\times\frac{1}{4}\times\frac{1}{3}=\frac{1}{144}$ $P_n=\frac{1}{36}$　$p_{n+1}=$	①漸化式・確率の問題 ②モデルをつかむ ③P_{n+1}がOに来る時のP_nを求める ④P_{n+1}がOなら ⑤P_nは，ABCDのどこかにある。つまりそのときの確率は$1-P_n$である。各点ABCDからOにいく確率は，$\frac{1}{3}$である。 p_{n+1}は$\frac{1}{3}(1-p_n)$ ⑥P_{n+1}が頂点Oならば，P_nは，$1-P_n$となる。各点ABCDからOにいく確率は，$\frac{1}{3}$であるから$p_{n+1}=\frac{1}{3}(1-p_n)$となり $p_{n+1}=\frac{1}{3}-\frac{1}{3}p_n$となる
2	①図形と確率 ②　③ 図を書く 点P　時刻0→頂点O ↓1秒ごと 規則ですすむ 点P頂点と1つの辺で結ばれる頂点の一つ移動 n秒後にPが頂Oにあった確率 ↓ P_{n+1}とP_nの関係式は？ ④図を見ながら考える。 ↓→樹形図 確率の問題	①確率，漸化式（イコールで結ぶ） ②　③　④　⑤　⑥ P_nは，頂点にOあったとき P_{n+1}は，頂点にOあったとき P_{n+1}の一つ前は P_nは，A，B，C，Dのどこか，O以外のところ $\frac{1}{3}$通り　最後はOにゴール 余事象を使う　$(1-P)$ （全体を1として） よって漸化式を利用して　イコールで結んで $p_{n+1}=\frac{1}{3}(1-p)$

数学◆授業者振り返りシート　　103

⑤ P_n＝n 秒後にＰが頂点Oにあった確率
辺は8つ ⎫
頂点は5つ ⎬ これを使う…と思う
Oからスタート

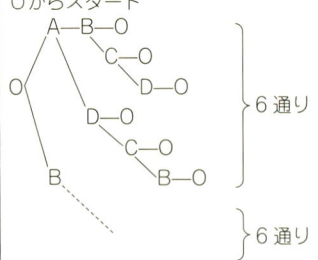

```
       A―B―O
O         C―O
           D―O      ⎫ 6通り
     D―O
       C―O
         B―O
  B                 ⎫ 6通り
```

1辺にいくのに6通り
8辺あるので，8×6＝48通り
全部で
確率＝条件／全て

| 3 | ①確率と漸化式
② 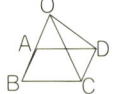
③n−1秒後に点A〜Dのどこかにあれば
④n秒後に点Pが点Oにくることができる
⑤点Oに点Pがあるとき，動きかたは4通り
点A〜Dに点Pがあると動きかたは3通り
$p_n = \frac{1}{3}$, $p_{n+1} = \frac{1}{4}$
⑥ $p_{n+1} = p_n + x$
$\frac{1}{4} = \frac{1}{3} + x$
$x = \frac{1}{4} - \frac{1}{3}$
$x = \frac{3}{12} - \frac{4}{12}$
$x = \frac{1}{12}$
$p_{n+1} = p_n - \frac{1}{12}$ | ⑦確率と漸化式
⑧
⑨余事象利用 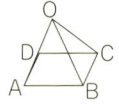
⑩ n＋1秒後に点Ｐが点Oにある確率は，n秒後に点Ｐが点A，B，C，Dのどれかにあればよいから「P_n n秒後に点ＰがOにある確率」の余事象である。また，点A，B，C，Dから点Oに動く確率は，1/3
⑤n＋1秒後に点Ｐが点Oにある確率が p_{n+1}
p_{n+1} を p_n を使って表す。
⑥ p_{n+1} は，n＋1秒後に点Ｐが点Oにある確率である。
n＋1秒後に点Ｐが点Oにあるためには，n秒後に点Ｐが点A，B，C，Dのどれかにあればよい
したがって，n秒後に点Ｐが点Oにある確率は P_n の余事象より（1−P_n）
また，点A，B，C，Dのどれかから点Oに動く確率は$\frac{1}{3}$
したがって，$p_{n+1} = \frac{1}{3}(1-p_n) = \frac{1}{3} - \frac{1}{3}p_n$ |

（2）生徒の学習の成果について検討して下さい。授業前，授業後に生徒が答えられたことは，先生の事前の想定や「期待する解答の要素」と比べていかがでしたか。

　事前の生徒の反応は，様々である。評価できるのは，問題解決に向けて規則や関係を少しずつ部分的に捉えている点である。1の生徒は，移動のときの確率とP_nの関係をつかんでいる。2の生徒は，1秒ごとに規則で移動するという思考のポイントを捉えている。3の生徒は，OとA～Dの位置の関係をつかんでいる。論理的関係の検討やバグ概念を修正していけば，問題がかなり解けると感じた。
　そこで，議論を深めるために，エキスパートA，Cについては，思考のためのヒントではないものを選択した。エキスパートAは，グラフを使って，関数と位置をつかむ問題。エキスパートCは，サイコロの場合わけで，位置を変える関数の問題である。両問題とも最後まで解けなくてもジグソー活動にいけると判断していた。むしろ，ジグソー活動が終了後にもう一度検討できるようなレベルの問題である。複数の課題を同時に学習できれば，概念形成には有効である。
　事後は，細かく見ると問題がないわけではないが，3人ともほぼ正解を表現している。

2．生徒の学習の評価（学習の様子）
　生徒の学習の様子はいかがでしたか。事前の想定と比べて，気がついたこと，気になったことをあげてください。

　知識構成型ジグソー法による学習の成果は，大変に大きかった。一番の成果は，生徒が楽しみながら試行錯誤しながら生き生きと活動をしていたことである。事前に3回の知識構成型ジグソー法を行っていたが，これは，エキスパートを使うと必ず解ける構成であった。今回は，そうではなかったが，生徒たちはそうした違いを簡単に乗り越えていた。また，1学期から行ってきた数学の思考過程の学習の成果も確認できた。自分たちの思考過程を捉えて，表現し，比較検討することが非常によくできていた。9月に入ってから，3回の知識構成型ジグソー法を行っていたことも有効であった。生徒たちは，流れがわかっていて，必要な役割を見事にこなしていた。各エキスパート活動も，ジグソー活動も①種類②分析③方法④検証の4つの段階を鍵にして，スムーズな活動が行われていた。エキスパート活動とジグソー活動は意図通り進んでいた。バグが発生しても，時間をかけて話し合っていれば，論理的な関係を検討しながら自分たちで修正できると考えていたが，その通りの活動になっていた。

3．授業の改善点
　生徒の学習の成果や学習の様子を踏まえ，次の3点について今回の授業の改善点をあげて下さい。

（1）授業デザイン（課題の設定，エキスパートの設定，ゴールの設定，既有知識の見積もりなど）

- 前時に行った東大の問題もよかった。問題を解決するための1つの方法を提示しておいたわけだが，ある班の生徒は，それをそのまま適用すると問題が解けないことを，きちんと確認してから，正解にいたっていた。考え方の捉え方を精緻化できたと思う。
- かなり突っ込んだ話し合いを多面的に継続してできたので，2時間連続で京都大学の問題をテーマにしたのは，よかった。
- エキスパート活動では，あえて問題解決の部品にしないものを選び，幅を広げたのは，よかったと思う。簡単にゴールせずに，じっくりと話し合うことができた。
- 1学期から行っている思考訓練と数学コミュニケーション力の育成は，効果的であった。特に，①種類②分析③方法④検証の4つの段階を鍵に情報交換するのは，有効である。互いに，何を言っているのかわかりやすかったようである。

（2）課題や資料の提示（発問，資料の内容，ワークシートの形式など）

- 活動が非常に活発であった。
- エキスパートでは，Aが易しく，Cが難解．Bは，言葉の解釈に戸惑いがあった。そこで，Aのヒントを簡略化反復試行の公式を削除した。Bは問題文に「次の点に」を問題文に付け加えた。Cは，最後の問題のヒントを詳しくすることが考えられるが，ジグソー活動が終了後，自発的に取り組んだ生徒たちがいたので，このままでもよいのかもしれない。

（3）その他（授業中の支援，授業の進め方など）

- これほど多様な活動ができたのなら，クロストークの時間を延ばし，多くの生徒の見方を考え方を出させて検討する時間を設けるべきであった。生徒の中には，自分の意見をクロストークで言いたかったという生徒がいた。

授業者に聞く

白石紳一先生(埼玉県立大宮光陵高等学校　数学)

Q これまでに何年間この研究に携わってきて,どんな経緯で研究を進めてきましたか？

A これまで3年間研究を進めてきました。3年前くらいから,身の回りで授業改善の研究を始めようとする機運が高まってきて,そのときに「白熱教室」型か,生徒が自分の頭で考える主体的,協調的な学びの推進型で研究を進めていくのかという2つの方向がありました。私は以前から後者に期待を持っていたので,「未来を拓く『学び』推進事業」に参加してみることにしました。

そこで,三宅先生のお話を聞いて,以前から一斉授業で感じていた課題を解決できるのではないかという気持ちを持ちました。今まで授業をやっていて不可思議なことがいっぱいありました。「なぜ,こんなに教えているのに身につかないんだろう？」と。特に,知識の領域固有性というか,生徒が,ある領域で学んだこと,二次関数なら二次関数で学んだことを,なかなか他の領域の学習とつなげられないことに課題を感じていました。問題を出して,解き方を説明するやり方は,丁寧に説明しても,生徒が次から次へと忘れていくんです。それを解決できるかもしれないという気がしました。

ただ,何をどうすればいいのかということは当初よくわからなかったので,自分なりに「主体的,協調的に学ぶということは,生徒にとってどういう意味があるのか」ということを勉強しました。そして生徒が自分自身で理解を「精緻化」していく,それが大切なのではないかという仮説を立てて,研究を進めてきました。

Q 研究をとおして，どのようなことが見えてきたのでしょうか？ 印象に残っているエピソードなどがあれば教えてください。

A 理解を精緻化していくような学習が起こる。このことをどのように評価すればいいか？ ということで，長期記憶とインタビューによる学習評価を初年度からやってみています。初年度に調査の題材としたのはかなり難しい問題だったのですが，クラスで数学の成績が最下位になるくらいの生徒が授業から2か月後に問題を解くことできたんです。

彼にインタビューをしてみたら「知識構成型ジグソー法の授業のことを強烈に覚えている。人に自分の考えを説明できることに面白さを感じる」と言っていました。従来の授業では生徒が説明するということはあまりないわけですよね。「先生の説明を聞く」あるいは「先生の質問に答える」というのがほとんどで，自発的に理解の精緻化を目指すような学習をする機会が少ないんだろうと感じました。でも，そうした機会があることで，学んだことを自分のものにして，長期記憶として保持してくれることがある。そのことが印象に残っています。

他の生徒も他の生徒で，多様な，でも主体的な学習の経験を得ていることがインタビューの中でわかってきました。ポイントは個々人で違いますが，「知識構成型ジグソー法」の頭の中で知識が活性化するということが起こっているのだなと感じました。

Q 「知識構成型ジグソー法」を使って目指す学習を引き起こすためには，どんなところがポイントになるとお考えですか？

A とにかく，生徒をよく見て授業をデザインすることです。授業を受ける生徒が，そう簡単に解けないけれど，話し合いをとおして解にせまっていけそう，という課題があれば，主題を問わずできると思います。

生徒が，簡単に解けないような課題を中心に，簡単に答えだけを出すことをゴールにせず，一筋縄ではいかない学びのプロセスをイメージして授業をつく

れるとよいと思っています。自分の既有知識と照らし合わせながら概念を膨らませるところに醍醐味があると思うので、考えが止まらないようにしたいと思っています。生徒を「終わった」という気持ちにさせないよう、頭を悩ませ続けるようにするにはどうするか、ということをいつも考えています。

　もちろん、難しいといっても、問いの意味がまったくわからないのではまずいです。解きながら主題の本質に迫っていけるような懐の深い問題で、さじ加減を工夫して、生徒にとって適切な難易度設定することが大切です。

Q 「主題を問わず」できる、ということですが、型のよさをより活かすために取り入れ方として注意していることなどはありますか？

A 　生徒へのインタビューでは、「知識構成型ジグソー法をやってから、授業で説明されるとよくわかる」という意見も多くありました。基本的には、一斉授業と連携して使うことで、相乗効果を生めるといいかと思っています。

　例えば、今回の実践で扱った京都大学（2007）の問題は、樹形図では解けず、漸化式の考え方を使わないといけません。生徒たちは前時に樹形図の考え方でも解ける東京大学（1998）の問題の解説を聞いてから本時に臨みました。本時の協調学習で生徒は自分たちで前時に習ったものとは違う、漸化式で解く考え方を追究していますが、まだその解き方を俯瞰的に捉えるには至っていません。次時の授業では、この2つの問題を比較し、解説することで理解の一層の精緻化を図りました。

　「知識構成型ジグソー法」の授業では、多様な生徒がそれぞれに自分の知識を活性化して学んでいます。生徒は自分のわかりやすいところから考えて、自分なりに納得していきます。いわば、深いところで学習できるのです。だから、それをやりっぱなしで放っておいたらもったいないと思っています。自分たちの考えたことを少し広い視野から見直したり、他の内容ともつなげたり、教師が整理して次の学びへのつながりを示せるといいのではないかと思います。「知識構成型ジグソー法」の授業のときだけ考えろ、というのも無理があるし、一斉授業だけで考えろというのも無理があるでしょう。事前の一斉授業で、思

考訓練と数学の表現力を引き上げ，様々な学習環境を組み合わせて，知識構成型ジグソー法で多様な学びの機会を提供し，事後の一斉授業で学びを系統的につなげるシステムで，一連の学びの質を上げたいと考えています。

最終的には，数学について考える姿勢の育成につなげたい。普段も自発的に考える，ということになってほしいです。

Q 最後に，これから取り組んでみようと考えている先生方に一言お願いします。

A 「知識構成型ジグソー法」は，強力ですが難解な方法です。型のポイントがどこにあって，どういう学びが期待できるのか，すぐにはわからないかもしれません。だから，大切なことは，生徒が何を学習しているかを把握することです。実践をして「何となくよかった」とか，「失敗した」，で終わらせずに，多様な手法で生徒の学びを見取りながら授業づくりに取り組む必要があると思います。インタビューとか長期記憶テストなども工夫して，生徒の声を聞きながら，何を学んでいるかを知りながら取り組んでいくことが大切だと思います。

理 科

化学「酸・塩基」での実践例
「紫キャベツでヤキソバを作る」

(1) 実践の概要

　本節で取り上げる実践は，埼玉県立皆野高校下山尚久教諭によって高校3年生化学Iで実践された「紫キャベツでヤキソバを作る」の授業である。生徒数は24人である。

　皆野高校は，4年制大学に進学しない生徒の多い進路多様校である。生徒の多くは，中学校時代から抽象的な教科内容の理解に困難を感じてきた生徒たちである。実践者によれば，理科の授業でも，多くの生徒の学びが個別具体的な事項を暗記しているのみにとどまっているという。例えば「10円玉は何でできているか？」と問われれば「銅」と答えられるが，「10円玉は金属か？」と問われると答えられないという生徒が少なくないそうである。

　今回の授業は，そうした生徒たちに，科学の概念を活用できる知識として自分のものにしてもらう目的で行われた。紫キャベツを使ってヤキソバを作るというのは，化学の定番面白実験である。そうした題材を知識構成型ジグソー法の型に落とし込み，事前にしっかりと予想をさせ，考えを吟味し合い，その後実験する，という流れで扱うことにより，酸・塩基や中和の概念を使いながら考える機会を保障し，理解を促すことをねらったものである。授業デザインを

表2-12 「紫キャベツでヤキソバを作る」の授業デザイン

課題	①紫キャベツでヤキソバを作ると何色のヤキソバができるかを予想し，理由を説明する。 ②赤いヤキソバを作るためには何の調味料を入れれば良いかを予想し，理由を説明する。
エキスパートA	酸性・塩基性とは何か／身近な物質で酸性・塩基性のもの
エキスパートB	pHの違いによるアントシアンの色の変化
エキスパートC	中和とはどのような現象か
期待する解答の要素	①塩基性によるアントシアンの変色に着目した解答 ②酸性によるアントシアンの変色に着目した解答

表2-13 酸・塩基の単元計画

1時	酸性,塩基性の物質
2時	酸性,塩基性の度合いとpH
3時	指示薬の実験(アントシアンの性質)
4時	中和
5時	「紫キャベツでヤキソバを作る」※本時※
6時	実験(ヤキソバづくり)の計画をたてる
7時	実際に紫キャベツでヤキソバ作り,実験結果について考察する

表2-12に,単元計画を表2-13に示す。

(2) 学習成果―授業前後の理解の変化から―

図2-5に示すのは,課題①・②について,正解できた生徒の人数と理由において期待する解答の要素に言及できた生徒の人数を授業前後で比較したグラフである。

課題①・課題②の両方で授業後に正解する生徒が増えている。課題①は授業前には正解,塩基性への言及が0人だったのに対して,授業後は3人の生徒が「青緑色」と色を正しく予想し,塩基性への言及も12人と大きく増えている。課題②でも,調味料を正しく選べた正解の生徒が10人から24人へ,選んだ理由を酸性によるアントシアンの変色として説明できた生徒が2人から21人へと大きく増えている。今回の課題に要求される知識はどれも既習事項であるため,これまでの授業内容をよく理解していれば初めから解答が可能である。しかし,

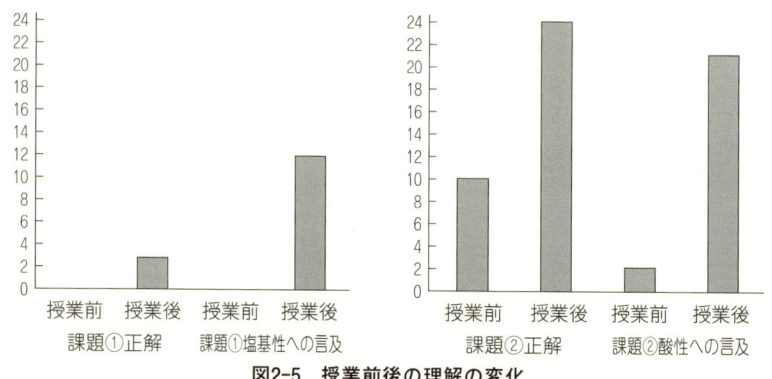

図2-5 授業前後の理解の変化

表2-14 授業前後の課題への解答と実験結果考察の例

	授業前	授業後	実験後考察
課題① 生徒1	紫。 紫キャベツの色素が水にでて，麺にからむから	青緑。麺のかん水にアントシアンが反応して変色するから。	紫キャベツのアントシアンが麺の中のかん水の塩基性のPHに反応し，変色したため。
課題② 生徒2	無回答	レモン汁を加える。酸性の中でもレモン汁が一番酸性が強いからレモン汁を入れれば赤色にもっと近づくと思う。	酸性であるクエン酸が塩基性であったヤキソバと中和し，赤色になったと思う。その際，酸性のほうが多かったため，鮮やかな赤色になったと思う。

　授業前の生徒の解答に正答および十分な説明は少なかった。授業後に正解や，酸性・塩基性に言及する生徒が増えたのは，授業の効果と言えるだろう。
　また，7時間目の実験の考察では，課題①についてさらに5人の生徒，課題②について2人の生徒が期待する解答の要素に着目した記述を残していた。一連の授業を終えた段階で24人の生徒中，課題①については17人，課題2については22人が酸性・塩基性に着目して現象を説明できたことになる。なお，実験時にも実験者から説明すべき内容の解説は行っていない。生徒たちは一連の授業の中で，自分で考え，考えを出し合いながら，少しずつ理解を進めていったと考えられる。
　表2-14に，授業前後の課題への解答と実験結果考察の例を示す。
　どちらの生徒も，記述が精緻化しているのがわかる。特に実験後ではpHや中和などの言葉を用いて説明するようになっている。完全に十分な説明とは言えないものの，現象の解釈に科学の概念を活用することができるようになったと言える。程度の差はあったが，多くの生徒でこうした精緻化が見られた。また，成果は，次年度に行った別のクラスでの実践においても同様であった。

(3) ジグソー活動における建設的相互作用

　ジグソー活動における生徒のやりとりを見てみると，互いに相手が納得しないことが，理解を先に進めるきっかけになっていることがわかる。以下に示すのは，ジグソー活動中のあるグループの対話である。メンバーは，栗原さん，芝田さんという女子2人と吉井くんの3人で，課題②について話し合っている。

栗原：だから，これをやってみると，酸は，（中和資料の記述を指し示して）…じゃん。で，塩が，何これ？…「かん…」と中和。
吉井：かん水。…酸のほうが多いんじゃね？ これ。（pHの資料を指し示して）
芝田：だからレモン汁かお酢をいっぱいいれれば赤になると。
　　　…っていうことだ。オッケー，終わった！
栗原：え，何？ とりあえず調味料は？（3人とも書き始める）
芝田：レモン汁，か，お酢。
栗原：どっちかにしろとか言われない？
芝田：(机間巡視に来た先生に向かって) ね，先生，これ1つに絞る？
先生：「どっちでも効果が生まれて，どっちでもいいんだ」って言えるんだったら，両方書いて。
栗原：じゃいっか，お酢で。理由は，理由はどういうこと？

　栗原さんは，資料中の記述を使って，課題②の解答文を作ろうとしているが苦戦している。他方，吉井くんと芝田さんは，答えの見通しが立ってきたようである。芝田さんは「終わった！」と言っており，自分の中ではもうわかったという自覚があるようだ。しかし，栗原さんの問いかけに応じて，対話は続いた。続きを見てみよう。

芝田：なんだっけ？ これだよね。（中和の資料を示して）「酸が多いと中和は起こるが」…。
吉井：あー。レモン汁か。
栗原：酸が，多いと，
芝田：レモン汁が多いと，中和は起こるけど，
吉井：レモン汁が，
芝田：レモン汁が，勝ち，
吉井：酸性。
栗原：多いと，多いと，中和は起こるけど，中和は…起こるが，なんだ，なんだ，塩基って何？ あれか，「かん…」。
吉井：かん水。
栗原：かん水が，勝ち？ 勝ち，
吉井：レモン汁が勝つんじゃない？（中和の資料を示して）

芝田：そうそうそう，レモン汁が多いと中和は起こるが，
栗原：レモン汁が勝ち，レモン汁が，勝ち，レモン汁が勝ち，赤くなる。
　　　ハイ，赤くなるでいいでしょ？　勝ち，赤くなる。
芝田：…すごいね。そんなことがあるなんて。私炭酸水を試したいよ。家で作ってみよ。

　入れるべき調味料を確定した3人は，この場面では理由説明の文を作っている。芝田さん，吉井くんと言葉をつなぎながら，栗原さんも「いいでしょ」と思えるところまでたどり着くことができている。
　同時に興味深いのは，芝田さんの変容である。この場面では，彼女が，先ほど使っていなかった「中和」の言葉を使うようになっているのである。先ほどの場面において，「レモン汁かお酢をいっぱいいれれば赤になる」という現象レベルの説明で「終わった！」と言っていたことを思い出せば，彼女は，自分自身がもう終わりにしてよいと思ったレベルを超えて，科学の概念を使ってより精緻に変色のメカニズムを説明するレベルへと進んでいることになる。さらに，「…すごいね。そんなことがあるなんて。私炭酸水を試したいよ。家で作ってみよ」という最後の発言は，変色という現象自体への感嘆にとどまらず，pHの変化がもたらす知覚可能な現象一般に対する興味が生まれたことをもうかがわせるものである。自分が「終わった」タイミングで「終わらなかった」仲間がいたおかげで，彼女の視野は広がったと言えそうである。考えの多様性が，互いの考えをよくするリソースになっていると言ってもよいだろう。
　わかっている人にわかりやすく教わっても身につかない抽象的な概念の理解に，わからない人どうしのやりとりが効果的だ，というのは，矛盾しているようである。しかし，前時までに酸・塩基・中和の概念を実験も交えながらしっかり教わっていたはずの生徒たちでも，授業前に本時で扱った現象の理由をそれらの概念に基づいて説明できた生徒は2名に過ぎなかった。これもまた事実である。ここで紹介したような生徒の対話の実態は，わからない人どうしの対話が，一人ひとりの学習者に，自分でわかっていくための学習活動を保障することを，印象的に感じさせてくれる。私たちが授業を参観するなかで，こうした場面に出会うことは決して少なくない。

上に紹介した場面では，生徒たち一人ひとりの考えるペースやこだわりに差があることにより，一人が「終わった」と思っても，話し合いの場には次々と新しいやりとりが生まれている。生徒たちは，このように，自分の「わかった」を超えて次へ進むやりとりの中で，実践者が主題化したかった科学の概念を使いながら考える機会を繰り返し得ることができた。自分と同じように理解の途上にいる仲間とのやりとりが，ともすれば個別具体的な事実の確認で終わってしまう彼らの学びを，事実の背後にある仕組や関係性の科学的把握にまで深めていると言ってもよいだろう。ここには，自分で考えながら学ぶ授業の１つの可能性が端的に現れているのではないか，と私たちは考えている。

東京大学 大学発教育支援コンソーシアム推進機構（CoREF）
知識構成型ジグソー法を用いた協調学習授業　授業案

理科

学校名：	埼玉県立皆野高等学校	授業者：	下山　尚久
		教材作成者：	下山　尚久

授業日時	平成23年11月10日	教科・科目	理科　化学Ⅰ
学年・年次	3学年	児童生徒数	34名
単元名	酸・塩基	本時／この内容を扱う全時数	5/6
教科書及び教科書会社	東京書籍　新編化学Ⅰ		

授業のねらい（本時の授業を通じて児童生徒に何を身につけてほしいか，この後どんな学習につなげるために行うか）

ねらいは次の点を理解することである。
- 身近な物質にも酸性・塩基性のものがあること
- 中和がどのような現象か
- 酸性・塩基性の度合いにより色を変える物質があること

メインの課題（授業の柱となる，ジグソー活動で取り組む課題）

紫キャベツでヤキソバを作るとどのような色のヤキソバになるか。また，赤い色のヤキソバにするためには，どんな調味料を入れればよいか。

児童生徒の既有知識・学習の予想（対象とする児童生徒が，授業前の段階で上記の課題に対してどの程度の答えを出すことができそうか。また，どの点で困難がありそうか。）

　解答に必要な知識は，前時までの既習事項である。しかし，知識が定着している生徒は少ないと思われる。このため，課題に対して妥当な答えを導ける生徒はほとんどいないと予想する。

期待する解答の要素（本時の最後に児童生徒が上記の課題に答えるときに，話せるようになってほしいストーリー，答えに含まれていてほしい要素。本時の学習内容の理解を評価するための規準）

　紫キャベツにはアントシアンという酸性・塩基性の度合いによって色を変える物質が含まれている。また，中華麺に含まれるかん水は塩基性を示す物質である。このため，紫キャベツでヤキソバを作ると，塩基性のかん水によってアントシアンが青色に変色し，麺が青く染まったヤキソバができる。
　ここに酸性の調味料（酢やレモン汁など）を加えることによって，中和反応が起こる。調味料の量が多ければ酸性になるため，アントシアンが赤色に変色し，赤色のヤキソバができる。

各エキスパート〈対象の児童生徒が授業の最後に期待する解答の要素を満たした解答を出すために，各エキスパートで抑えたいポイント，そのために扱う内容・活動を書いてください〉

1）酸性・塩基性。身近な物質で酸性，塩基性のもの。
　　水素イオンや水酸化物イオンの濃度によって酸性・塩基性という性質が決まる。
　　身近な物質（酢や重曹など）にも，酸性のもの，塩基性のものがある。
2）アントシアンの性質
　　植物性色素の一種，アントシアンは酸性・塩基性の度合いによって変色する

3）中和とはどのような現象か
　　　酸と塩基は互いの性質を打ち消しあう中和反応を起こす。

ジグソーでわかったことを踏まえて次に取り組む課題・学習内容
特になし。

本時の学習と前後のつながり

時間	取り扱う内容・学習活動	到達して欲しい目安
これまで	酸性・塩基性 pH pHによって変色する物質（指示薬）	物質の性質には酸性・塩基性というものがあり，身の回りの物質にも酸性・塩基性のものがある。pHは酸性・塩基性の度合いを示す指標である。酸性・塩基性の度合いによって色を変える物質があり，指示薬として使われている。
前時	中和	酸と塩基は互いの性質を打ち消し合う。その結果，どちらの性質を示すかは量によって決まる。
本時	酸性・塩基性（復習） pHによって変色する物質（復習） 中和（復習）	物質の性質には酸性・塩基性というものがあり，身の回りの物質にも酸性・塩基性のものがある。酸性・塩基性の度合いによって色を変える物質がある。酸と塩基は互いの性質を打ち消し合う。その結果，どちらの性質を示すかは量によって決まる。
次時	実験（ヤキソバづくり）	前時の予想を実際に確かめる
この後	なし	なし

上記の一連の学習で目指すゴール

物質の性質の一つである，酸性・塩基性とはどのようなものかを説明できる。
身の回りの物質で酸性・塩基性を示すものをあげることができる。
pHは酸性・塩基性の指標であることを説明できる。
酸性・塩基性によって変色する物質をあげ，具体的に何色になるのか説明できる。
中和は酸と塩基が互いに性質を打ち消し合う反応であることを説明できる。
これらの知識をもとに，酸性・塩基性に関わる具体的な現象を予想することができる。

本時の学習活動のデザイン

時間	学習活動	支援等
5分	・出欠確認と授業の流れの確認，グループ編成 ・本時の目標・課題の確認	・授業の進め方を確認する ・課題を共有させる
5分	・ジグソー活動① 　まず，課題に取り組んでみる	・現時点で考えられる内容でよいと伝える。
10分	・エキスパート活動 　各グループごとに課題に取り組む	・復習であることを伝え，過去のノートを参照しても良いと伝える ・必要に応じてヒントを出す
15分	・ジグソー活動② 　再度課題に取り組む	・どんな色になるか，何を加えるか，よりも，理由をしっかり書けることが大事であると伝える
10分	・クロストーク 　各班ごとに予想を発表する	・書いたものを読み上げることでよいと伝える ・拍手を促す
5分	・振り返りとアンケート	・個人で今日わかったことをまとめさせる。

グループの人数や組み方

3人または4人グループで組む。生徒の組み合わせは機械的に決め，生徒の人間関係，学力などは特段配慮しない。

理科◆教材

授業の最初に各自が問いについて考える際に使用するプリント

3年　　組　　番　氏名：

今日の課題～紫キャベツでヤキソバを作る～

《赤いヤキソバを作れ！》

　とある高校の文化祭。クラスの出し物としてヤキソバを作って販売することになった。ただ、他のクラスでもヤキソバを作るらしい。文化祭実行委員はあんまり配慮してくれなくて、企画がかぶってしまった。変わったヤキソバを作らないと同じになってしまう・・。何かいいアイディアは無いだろうか。そんなとき、クラスの一人がこんなことを言った。
「ヤキソバってどれも茶色なの気に入らないんだよ。赤とか黄色とか色々あっていいんじゃん？赤いのとか健康によさそうな感じしね？それに、今年のテーマカラーが赤だろ？うまくすれば賞とれるかもよ。」
「どうやって赤くすんだよ？トマトとか入れんのか？」
　そこで担任が一言。
「赤いヤキソバなら紫キャベツでつくれるぞー。味は変わらないし、いいんじゃないか。ただし、そのままだと違う色になってうまくいかないけどな。ま、がんばれ。あ、そうそう、企画書にちゃんと<u>理由つきで説明がなかったら</u>、俺はハンコ押さないからな。ちょうどいい勉強だし、頑張って考えろよ。」
　ってなわけで、赤いキャベツで作ることになった。それにしても、うちの担任は肝心なことを教えてくれないし、理由つきで、なんて大変なこと言う。嫌がらせか？
　しかたない、なんとかして考えよう。うまくできるか？

使命：赤いヤキソバを作れ

　　　　材料：紫キャベツ　ヤキソバ用の中華麺
　　　　使える調味料：塩、コショウ
　　　　　　　　　　　このほかにも思いつくものがあれば家から持ってきて使ってよい。
　　　　　　　　　　　ただし、色がつく調味料（醤油、ソース等）は不可とする

作り方：①紫キャベツを一口大に切る
　　　　②フライパンに油を引き、紫キャベツをフライパンでいためる。
　　　　③油がなじんだところで水を100mLほど加え、火を通す
　　　　④火が通ったところで麺を入れ、良くほぐす
　　　　⑤水気がなくなったところで、調味料を入れ味をつける

理科◆教材

エキスパートA班がエキスパート活動で使用するプリント

Ⓐ　　　3年　　組　　番　氏名：

《エキスパートA　酸性、塩基性と身近な物質の性質》

　水に溶けたとき、水素イオン（H^+）を放出する物質を酸という。酸の性質のことを酸性といい、「酸っぱい」「亜鉛などの金属を溶かし、水素を発生させる」などがある。
　一方、水に溶けたとき、水酸化物イオン（OH^-）を放出する物質を塩基という。塩基の性質のことを塩基性といい、「苦い」「タンパク質を変質させる（溶かす）」などがある。
　酸性、塩基性の度合いは溶液中の水素イオン（H^+）の量で決まる。水素イオンが多いと酸性の度合いが高い。水素イオンが減ると水酸化物イオン（OH^-）が増えるため、塩基性の度合いが高くなる。
　酸性、塩基性という性質は特別なものではなく、身近な物質にも酸性のもの、中性のもの、塩基性のものがある。
　身近なものの酸性・塩基性は、以前に実験で確かめたように実に様々である。
　例えば、次のようなものがある

＜酸性の物質＞

　　・お酢　　・醤油　　・炭酸水　　・レモン汁　　・シャンプー　など

＜中性の物質＞

　　・食塩　　　など

＜塩基性の物質＞

　　・重曹　　・かん水（中華麺に入っている）　　など

　それぞれ、酸性、塩基性のもとになる物質が入っていることが原因である。
　例えば、お酢には酢酸が入っている。酢酸はその名のとおり酸である。また、レモン汁にはクエン酸という酸が入っている。
　重曹は、炭酸水素ナトリウムという物質である。これは水に溶けると OH^- を放出するため、塩基性を示す。
　実験では扱わなかったが、ラーメンやヤキソバなどの中華麺に入っているかん水という物質は、炭酸ナトリウムや炭酸カリウムというものが主成分である。これらも水に溶けると OH^- ができるため、塩基性を示す。

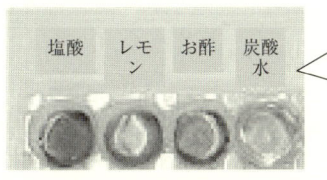

先日の実験で、マローブルーの色がこんな風に変わることから、酸性・塩基性を確かめたのを思い出そう。身近なものにも酸性・塩基性のものがある。
出典：http://www.kobun.co.jp/

理科◆教材　　121

理科◆教材

エキスパートB班がエキスパート活動で使用するプリント

B　　　　　3年　　組　　番　氏名：

《エキスパートB　植物性の色素（アントシアン）の性質》

　ある種の色素はpHによって色を変えるものがある。アントシアンという植物性色素はその代表例であり、アサガオやアジサイの花の色はアントシアンの色である。また、食用の植物では、ナス、紫キャベツ、紫タマネギなどの色がそうである。

　アントシアンは、酸性では赤系の色、中性では紫系の色、塩基性では青・緑系の色を示す。アジサイの花の色が赤い場合、土が酸性になっていることが原因といわれる。

　また、アントシアンは水に良く溶ける。アントシアンを豊富に含む植物を水にさらしたり、煮たりすると水に溶け出して色が付く。マローブルーというハーブティーは、薄紅葵というアントシアンを豊富に含む植物から作るが、水を入れて2，3分かき混ぜるだけでよく色が付くのは、アントシアンが水に溶けやすいためである。

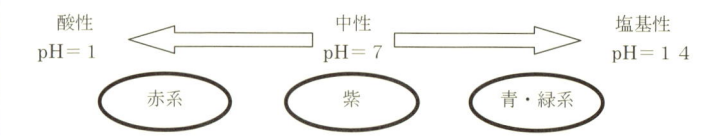

酸性	中性	塩基性
pH＝1	pH＝7	pH＝14
赤系	紫	青・緑系

マローブルーで作ったハーブティーの写真
アントシアンが良く溶け出して紫色になっている。
出典：http://www.e-tisanes.com/

C

3年　　組　　番　氏名：

《エキスパートC　中和という現象》

　酸性の液体と塩基性の液体を混ぜると互いの性質を打ち消す中和という反応を起こす。例えば、酸である塩酸に塩基である水酸化ナトリウムの液体を加えると、だんだんと酸性の性質が弱くなり、やがて中性になる。さらに水酸化ナトリウムの液体を加え続けると、やがて塩基性に変わる。

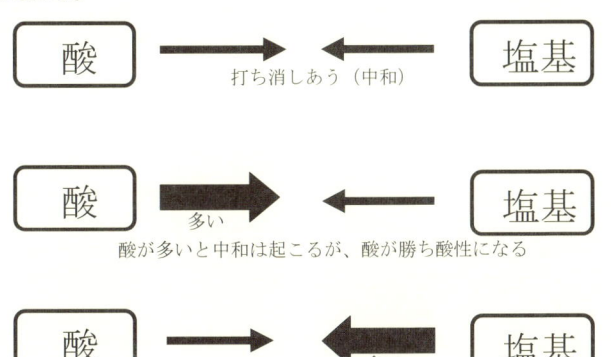

　　酸　→　打ち消しあう（中和）　←　塩基

　　酸　→（多い）　←　塩基
　　酸が多いと中和は起こるが、酸が勝ち酸性になる

　　酸　→　←（多い）　塩基
　　塩基が多いと中和は起こるが、塩基が勝ち塩基性になる

　これは、酸性の溶液中に含まれる水素イオン（H+）と塩基性の溶液中に含まれる水酸化物イオン（OH-）が反応して水になるためである。

$$H^+ + OH^- \rightarrow H_2O$$

　ちょうど中性になるように加える量を調節するのは非常に難しい。すこしでも酸が多ければ酸性に、塩基が多ければ塩基性になってしまう。

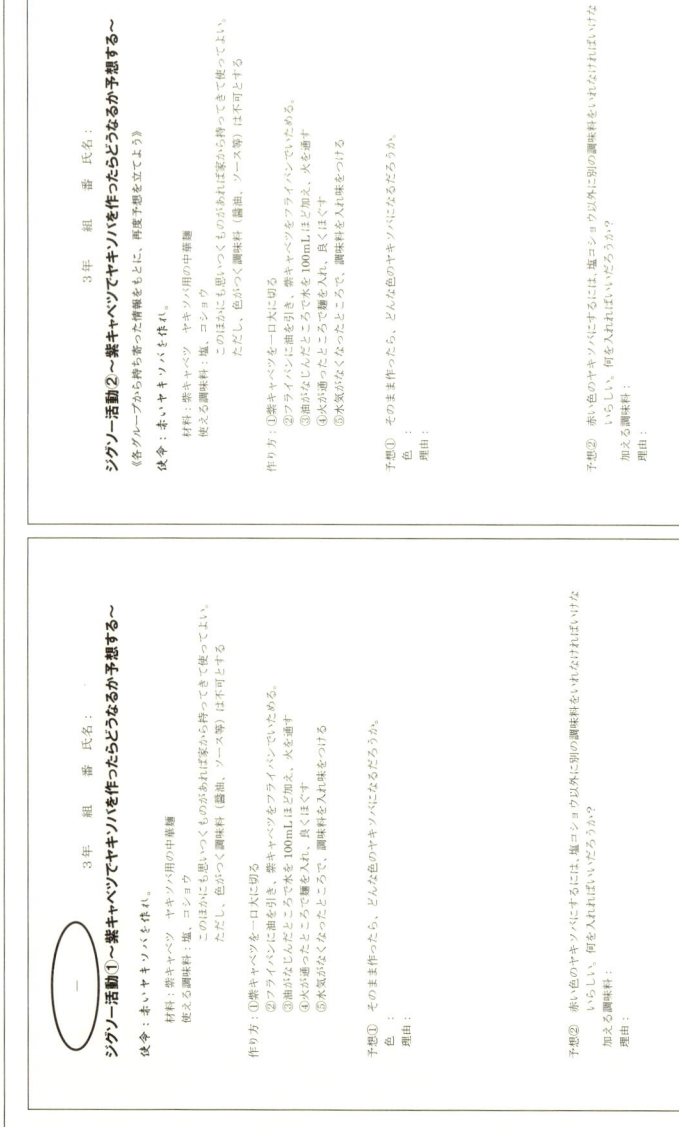

理科◆教材 　　ジグソー活動で使用するプリント

3年　組　番　氏名：

ジグソー活動①〜紫キャベツでヤキソバを作ったらどうなるか予想する〜

使命：まいヤキソバを作れ。

材料：紫キャベツ　ヤキソバ用の中華麺
使える調味料：塩、コショウ
このほかにも思いつくものがあれば家から持ってきて使ってよい。
ただし、色がつく調味料（醤油、ソース等）は不可とする

作り方：①紫キャベツを一口大に切る
　　　　②フライパンに油を引き、紫キャベツをフライパンでいためる。
　　　　③油がなくなったところで水を100mLほど加え、火を通す
　　　　④火が通ったところで麺を入れ、良くほぐす
　　　　⑤水気がなくなったところで、調味料を入れ味をつける

予想①　その主を作ったら、どんな色のヤキソバになるだろうか。
色：
理由：

予想②　赤い色のヤキソバにするには、塩とコショウ以外に別の調味料を入れなければいけない
　　　　いらしい。何を入れればいいだろうか？
加える調味料：
理由：

3年　組　番　氏名：

ジグソー活動②〜紫キャベツでヤキソバを作ったらどうなるか予想する〜

《各グループから持ち寄った情報をもとに、再度予想を立てよう》

使命：まいヤキソバを作れ

材料：紫キャベツ　ヤキソバ用の中華麺
使える調味料：塩、コショウ
このほかにも思いつくものがあれば家から持ってきて使ってよい。
ただし、色がつく調味料（醤油、ソース等）は不可とする

作り方：①紫キャベツを一口大に切る
　　　　②フライパンに油を引き、紫キャベツをフライパンでいためる。
　　　　③油がなくなったところで水を100mLほど加え、火を通す
　　　　④火が通ったところで麺を入れ、良くほぐす
　　　　⑤水気がなくなったところで、調味料を入れ味をつける

予想①　その主を作ったら、どんな色のヤキソバになるだろうか。
色：
理由：

予想②　赤い色のヤキソバにするには、塩とコショウ以外に別の調味料を入れなければいけない
　　　　いらしい。何を入れればいいだろうか？
加える調味料：
理由：

平成27年度　未来を拓く「学び」プロジェクト　授業者振り返りシート

授業日時／教科・単元　平成23年11月10日／化学Ⅰ　酸・塩基

授業者　下山尚久　　　教材作成者　下山尚久

１．生徒の学習の評価（授業前後の変化）

（１）３名の生徒を取りあげて，同じ生徒の授業前と授業後の課題に対する解答がどのように変化したか，具体的な記述を引用しながら示して下さい。実技教科等で生徒の直接の解答が取れない場合は，活動の様子の変化について記して下さい。

生徒			授業前	授業後
1	予想①	色	紫	うす紫
		理由	何も加えてないから	何も変わらないから
	予想②	加える調味料	無回答	レモン汁
		理由	無回答	紫キャベツのアントシアニンとレモン汁の酸性と反応して赤くなる
2	予想①	色	紫色	青紫色
		理由	塩だと変わらない。	めんに入っているかん水が塩と中和して色が変わる
	予想②	加える調味料	レモン汁	レモン汁
		理由	無回答	酸性の中でもレモン汁の酸が一番高いと思ったし，酸性の調味料を入れると赤くなると考えたからです。
3	予想①	色	うすむらさき	青紫
		理由	水を入れることによって紫色がうすくなる	塩が中性でかん水が塩基性だからまざって青紫になる
	予想②	加える調味料	酢，レモン汁	レモン汁，お酢
		理由	授業で使ったから	レモン汁が多いと中和は起こるけど，レモン汁が勝ち酸性（赤）になる。

（２）生徒の学習の成果について検討して下さい。授業前，授業後に生徒が答えられたことは，先生の事前の想定や「期待する解答の要素」と比べていかがでしたか。

　生徒たちにとってかなり難しい課題だと考えていたため，授業前の解答は想定通りであった。授業後は全体的によく書けていたように感じる。以下細かく触れる。
　１は学力的にかなり厳しい生徒である。予想①では，授業前に単純に紫キャベツの色が移るという発想で解答しており，授業後も変わらない。塩基性のかん水が麺の中に入っていることは最後まで気づかなかったようである。予想②では授業前に無回答であったのに対し，授業後はpHで変色する色素の存在を認識し，それが酸性で赤色に変色することと結びつけて解答できていた。
　２の生徒は，授業前からポイントになる点をいくつか押さえていた。予想①は調味料として加える塩（食塩）は中性であり中性ならば変色しない，という意味に読み取れる。おそらく，アン

トシアンの存在をわかったうえで解答しているだろう。授業後では，かん水の存在を踏まえ，一歩踏み込んだ解答になっている。ただし，中和については誤解もあるようで，中性の物質（食塩）と塩基性の物質（かん水）で中和反応が起こると考えているようである。予想②では，授業前から加える調味料を正しく考えられていたが，理由までは書けなかった。授業後に書いた理由は，物質によるpHの値の違いまで考慮しているものとなっている。

3の生徒は，予想②で前時までの授業を踏まえた解答をしている。前時までに，アントシアンを使った変色の実験を行っている。その中で，酢やレモン汁によって赤色に変色することを扱ったことを覚えていたようである。授業後では，中和における量的な関係性を考慮した解答を行っている。

２．生徒の学習の評価（学習の様子）

生徒の学習の様子はいかがでしたか。事前の想定と比べて，気がついたこと，気になったことをあげてください。

自分たちなりに生活経験などを踏まえながら議論していた。生徒たちにとってはかなり難しい課題だったかと思うが，よく考えてそれぞれの答えを導いたと思う。中には，同様の現象を利用した玩具菓子の存在を思い出し，同じ仕組みではないかと見抜いた生徒もいた。知識が課題に取り組む中で適用範囲を広げた例だと感じた。

既習事項である中和についての誤解も明らかとなった。中性の物質と塩基性の物質が出会うと中和が起こる，という記述は複数名に見られた。こうした記述は前時で扱った際に，教師からの説明には全く含まれていない。単純に教えたことを生徒は記憶するのではないということを示している例だと感じた。今後の授業の改善に結びつけていきたい。

また全体的に記述する力が不十分であるのが見受けられた。授業中に自分の考えを記述させる取り組みはしてきたが，十分力をつけられていなかった。上記に記載した生徒の記述もそうなのだが，知っていること・わかっていることを相手にわかるように記述できていない。行間をよく読むとわかっていることが見えてくるのだが，一読しただけではわからない記述も多かった。記述に関しては，書き方の指導も検討したい。

３．授業の改善点

生徒の学習の成果や学習の様子を踏まえ，次の３点について今回の授業の改善点を挙げて下さい。

（１）授業デザイン（課題の設定，エキスパートの設定，ゴールの設定，既有知識の見積もりなど）

課題のゴールが明確に伝わって取り組みやすいものだったと思われるので，大きな改善は必要なさそうである。エキスパート資料を新規事項ではなく復習の形にするのは，生徒が取り組みやすくする１つの方策だろう。

（２）課題や資料の提示（発問，資料の内容，ワークシートの形式など）

エキスパート資料に盛り込んだ新規事項を読み落としている生徒も多かった。既習事項をエキスパート資料にし，活用に重点を置くのであれば，もっとはっきりと新規事項であることが伝わるようにした方が良いかもしれない。

また，中和概念の誤解を減らすための改善も必要である。前時までの扱いを変更することも必要だが，ジグソー課題を修正することも考えられる。生徒の記述を見ると，中和を用いないで説明しているものが見られた。たしかに，記述を塩基性のかん水によって青紫色になったものに調味料を加えるということから出発しないのであれば，中和について言及しなくても説明が可能で

ある(アントシアンが酸性のレモン汁で赤色に変わる,など)。確実に中和概念を用いなければ説明できない課題にすることで,誤解を減らすことができるのではないかと考えている。

(3) その他(授業中の支援,授業の進め方など)

　特になし。

授業者に聞く

下山尚久先生（埼玉県立皆野高等学校　理科）

Q これまでどんな課題，教材での実践を行ってきましたか？

A 前任校の中堅どころの進学校と現任校の就職メインの商業高校で実践してきました。専門は生物ですが，現任校では化学や地学の分野でも実践しています。

実践場面として多いのは今回ご紹介した焼きそばの課題のようなまとめの課題ですが，導入の課題でも実践しています。例えば，地学分野でプレートテクトニクスを扱う単元の最初に，単元の概要をつかませるために「なぜ日本に地震や火山が多いのか」という課題を考えさせ，ざっくりとすべてプレートの運動で説明できるのだというのをつかませたりしています。また，進学校で取り組んでいた際は，生徒がつまずきやすい内容，例えば，遺伝の染色体地図を書くという課題で問題集の課題をそのまま使って実践したりもしています。

Q 先生の普段の授業の中で，アクティブ・ラーニングの授業と一斉授業との割合はどのくらいですか？

A 広くアクティブ・ラーニングという意味で言えば，現任校でも前任校でもすべての時間がアクティブ・ラーニングですね。講義だけで終わる授業は基本的には行っていません。最低でも1単位時間の半分は生徒の活動や対話に充てていますし，丸々1単位時間をそれにあてる場合もあります。

Q 日常的にアクティブ・ラーニングの授業に取り組んでおられる下山先生にとって，知識構成型ジグソー法を用いた授業の特徴はどんな点でしょうか？

A 知っていることや得た情報を使って課題を解決しようとすることで，生徒に確実に頭を使わせることができることですね。また，型がしっかりしていることで，今何をしないといけない時間なのかが生徒にとって明確になっていて，ゴールも明確になっていて，活動がしやすい，交流も生まれやすいというよさがありますね。半面，型があることによって，グルーピングの問題やメンバーの偏りが気になることもあります。普段の授業では，自由に好きな人のところに聞きにいってよいという形式で進めることが多いので。それぞれのやり方に長所短所はあるかなと思います。

Q 知識構成型ジグソー法の授業づくりのポイントはどんなところでしょうか？

A とにかく課題をどれだけシャープに設定できるかですね。具体的に言うと，まず問いの意味が生徒にとってわかるか。抽象的すぎると，何をやってよいか生徒がわからなくなります。具体的な問題集の問題を解くとか，何かの現象の理由を説明するような具体的な課題が必要です。逆に，「○○を理解する」のような課題設定は，目標としてはよいかと思いますが，実際に生徒が解く課題にはなりません。到達させたい「目標」とそのために具体的に取り組む「課題」の使い分けを意識する必要があると思います。

ジグソーに限らず授業づくり全般において，「明日やる内容はここだから」ではなく，単元計画をしっかりと行い，「この一連の学習を通じて何を学ばせたいのか」を明確に意識することが大事だと思います。授業者が「この単元でつかませたいことを一文で言うとするとなんだろう？」のような問いにすぐ答えられるようであれば，この点をよく意識していることになると思います。

特に今は勉強が苦手な生徒に教えているので，単純にかみ砕く，レベルを下げるというよりも，ある程度枝葉をそぎ落として，本質であると授業者が思うことを精選していかないと，学ぶ意味が薄いものになってしまうと感じています。

Q 生徒の学力を伸ばすという観点から，知識構成型ジグソー法にはどんな効果が期待できそうでしょうか？　対話型の学習だとコミュニケーションの力はついても内容が定着しないのではないかという心配もしばしばうかがいますが。

A 以前既習事項を使った課題について，時間数の関係でクラスごとに違う扱い方をしたときがありました。ジグソーで行ったクラス，一斉で行ったクラス，時間の都合で扱えなかったクラスです。テストで同じ課題を記述問題として出題したのですが，不公平にならないように事前に問題と模範解答の例と採点基準を配布しました。結果として，もっとクラス平均点が高くて記述量が圧倒的に多かったのはジグソーのクラスでした。記述内容を見ても決して模範解答の丸暗記ではなく，満点ではないもののポイントを何点かおさえた自分なりの記述ができていました。

　記述問題の例をあげましたが，生徒がどのくらいわかっているかを見て取るのは，特に生物のような科目だと実はなかなか難しいです。用語のレベルで言えば，穴埋め問題をさせればある程度できる生徒が多いからです。実はその一歩先，論述問題をさせることによって，本当にわかっているかどうかが見えやすくなります。点数化はしにくくなりますが，生徒の理解を測るには必要だろうと思っています。先日授業で久しぶりにコンセプトマップを使ってみたのですが，このときも見事に生徒が理解できている，いないがよく見えました。長文の論述問題やコンセプトマップなど，生徒が本当にどのくらいわかっているかが見えやすい評価ツールを使うこと，こうした評価を行った際により高いパフォーマンスを示せるような学力をつけてあげることが大事だと思います。

　また，ジグソーで扱う課題のレベルをどう設定するかも学力の伸びには重要だと思います。単純に扱った内容をそのまままとめるような課題ではなく，ハードルの高い課題に取り組ませることで，生徒が頭を使って思考がブラッシュアップされるということがありそうだなと感じています。先ほどの話とも関連しますが，単元の大枠，本質の部分をじっくりつかませるためにジグソーに取り組んでおくことで，結果的に枝葉の部分がつながりやすくなるので，テストの点の伸びにもつながっていくように思います。

Q 最後に,これから取り組んでみようとする先生方に一言お願いします。

A 既存の教材でもいいのでまずは1回やってみてください。そのときに生徒がどんなことを話しているかよく見てください。きっと意外な一面が見えるし,全員を見られなくても「あの子はこんなことを考えていたんだ」というのに気づくと,「生徒の学びって何だろう」と捉え直すチャンスになります。自分の一斉授業で生徒が実は学べていなかったんじゃないかと授業を見直して,自分の授業をどうするのかと悩み始めるきっかけになればと思います。

英語
コミュニケーション英語での実践例
「Sleeping Hours」

(1) 実践の概要

　本節で取り上げる実践は，埼玉県立和光国際高校山崎勝教諭によって実践された，普通科1年生のコミュニケーション英語『Q & A about Nature: "Sleeping Hours"』の授業である。一連の授業を受けた生徒数は40名（うち1名は最後の1時間のみ出席）である。

　和光国際高校は，全国初の公立の国際高校として設立された特色ある学校で，外国語科と普通科を併設し，外国人生徒や帰国生徒も多く，外国語科の3年生の授業などでは生徒たちが英語を用いて活発に議論し，流暢なプレゼンテーションを行う見事な姿が見られる。しかし，今回の山崎教諭の実践は，普通科の，それも1年生の授業であり，生徒たちが英語を用いながら自ら考える授業を行うことは山崎教諭にとっても新たなチャレンジであったという。

　本時のデザインを表2-15に示す。身近な自然界の現象への素朴な疑問を科学的に解明する文章を扱う単元で，教科書では「どうしてアリは列を作るのか」など3つのトピックが取り上げられている。この一連の実践は，教科書の文章を読み終えた生徒たちに発展的な学習を促すため，新たなトピック「睡眠時間」についての書き下ろしのテキストを用いて行われた。

　一連の授業は3時間続きで行われた。1時間目に本時の課題「人間の睡眠を規定している要因は何か」について個人の事前の考えを問い，それから様々な動物（肉食動物，草食動物，海生動物・渡り鳥）の睡眠時間についてのエキスパート活動を行った。2時間目には本時の課題を再度確認したうえで，ジグソー活動に進んだ。英語でまとめた各エキスパートの内容を交流してそれぞれの動物の睡眠時間，環境，食事，安全について表に整理し，そこから人間の睡眠時間について考察して同様の表に整理することを促した。人間の睡眠について

表2-15 「Sleeping hours」の授業デザイン

課題	人間の睡眠時間を規定している要因は何か。
エキスパートA	肉食動物の睡眠
エキスパートB	草食動物の睡眠
エキスパートC	海生動物・渡り鳥の睡眠
期待する解答の要素	・赤ん坊が長時間眠るのは成長のため・成人の睡眠は生命を維持するため→必要以上に眠る必要はない・食事のために狩りをする必要がない→狩りに備えて睡眠により体力を温存する必要がない・食料は常に容易に手に入る→食料不足に備えてエネルギーの消費を抑える必要がない・肉も野菜も食べる→必要なときに必要な量をいつでも手に入れることができる・他の動物に捕食される危険がない→睡眠時間を減らして警戒する必要がない・知性により生活習慣や睡眠のとり方を自らコントロールできるのは人間だけである（他の動物は生活環境の変化に順応することはあるが，自ら環境に働きかけて環境を変化させることはない）→火や明かりの使用により生活環境をコントロールできる→昼夜が逆転した睡眠をとることも可能・動物の睡眠では生命維持が最優先であるが，生命維持が容易な生活環境となった人間は，必要最小限の睡眠を除いては多様な生活様式の選択が可能になった→個人により睡眠のとり方は多様→人間の睡眠時間を決定する要因は，「環境」「食事」「安全」だけでは説明がつかないことに気づかせたい。

は，表に新たに「other factors」という欄が加えられており，人間ならではの睡眠時間の多様性や知性によるコントロールといった要因への気づきも促そうとしている。表を用いたクロストークを踏まえて，3時間目は「人間の睡眠を規定している要因は何か」について改めて文章の形で書く時間が設けられた。

(2) 学習成果―授業前後の理解の変化から―

「人間の睡眠を規定している要因は何か」という本時の課題に対して，一連の授業で生徒の理解がどのように変化したかについて分析を試みたい。まず単純に記述量の変化を見てみると，授業前の段階で「What are the factors that affect humans' sleeping hours? What are the things that decide how many hours we sleep?」という問いに対する授業前の記述量は平均10.1語であった。一方，一連の授業終了時の記述量は，平均80.4語と8倍程度に増加している。事後のライティングには十分な時間が確保されていたとはいえ，授業前には無回答や，food, life など単語をいくつかあげるだけに留まる回答も多く見られたことを考慮すると，「人間の睡眠時間」について自分の考えを持ち，まとまった文章を書くことにこの授業が大きく寄与したことは確かだろう。

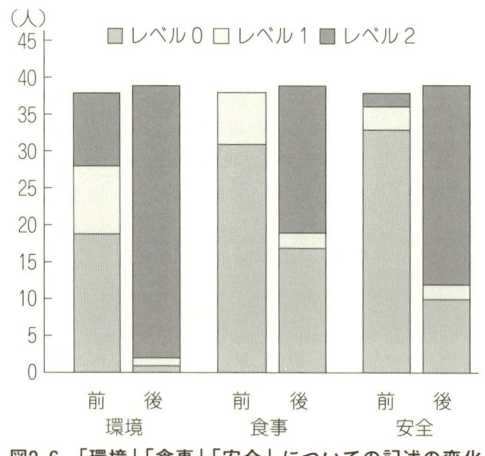

図2-6 「環境」「食事」「安全」についての記述の変化 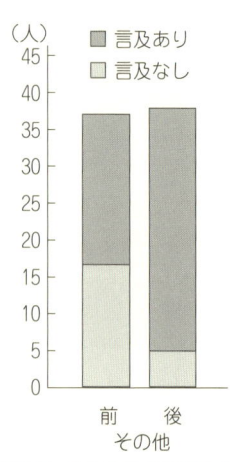　　図2-7 「その他の要因」についての記述の変化

　次に記述の内容に焦点を当ててみよう。「環境」「食事」「安全」のそれぞれの項目について，「まったく言及がないもの」をレベル０，「言及があるがその項目が関係しているという記述に留まっているもの」をレベル１，「他の動物との比較や人間独自の要素から睡眠時間の長短を説明するもの」をレベル２の記述とし，各レベルの記述が含まれる人数の変化を比較した（図2-6）。また「その他の要因」については「人間の睡眠の多様性，コントロール可能性」について，「言及がないもの」「言及があるもの」の人数の変化を比較した（図2-7）。

　「環境」「食事」「安全」の要因について授業の前後で比較すると，レベル０や１の記述が減少し，レベル２の記述が大きく増えている。授業後の記述では，「環境」についてほぼすべての生徒（37名）が，「食事」「安全」についてそれぞれ20名，27名の生徒がレベル２に達している。「その他の要因」については，人間ならではの生活スタイルをあげる記述が授業前の段階で21名と予想よりも多く見られたが，授業後には34名が人間の生活スタイルの多様性（地域性，文化，職業や日々の予定，感情など）や，それらに応じた睡眠時間の変化についてふれている。

　具体的な記述の変化の例を見てみよう（表2-16）。生徒１は授業前には，人間の睡眠に結びつきそうな単語をいくつかあげるのみだった（「環境」レベル１）。一方，授業後には，人間が食物連鎖の最上位にいて捕食される心配がな

表2-16 授業前後の生徒の記述の変化の例

生徒1	Sleep/take a cold/tired/test/sleepy/明日の準備（これらの単語を結びつけた図）	We (humans) need enegy to active. Therefore we sleep. We are at the top of the food chain. (probably...) So we don't have to worry about predators. We can sleep slowly and calmly. But we have many things. For Example, go to school, go to work and eat. At school, we study many subjects. It needs concentration. Concentration come from sleeping. We eat food. Do we need to hunt other animals? No. We can buy foods at the supermarket and shop. We have to do other things. It is busier schedule than other animals. Sleeping times are different by humans.
生徒2	An environment is different. So, environment decide.	Human's sleeping hour is 6〜8 hours. Sleeping hours are different by one after another. Why? Because human's work, housework, go to school and so on. So, human's sleeping hour is be different by each life. Animals sleeping hour is different by environment, but humans sleeping hour is different by each life. Meat eating animals eat only meat, but humans eat fish, meat, rice, bread, vegetable and so on. Humans environment is safety.

いこと（「安全」レベル2），人間がたくさんの活動をこなし，集中を必要とすること（「環境」レベル2），人間が狩りで食物を得る必要がないこと（「食事」レベル2）をあげ，他の動物よりも忙しく，人によって多様な睡眠をとること（その他の要因）にもふれるようになっている。また，生徒2は授業前から環境の違い（「環境」レベル1，「その他の要因」）に触れる記述をしていたが，授業後にはそれが人間の日々の生活の多様性（「環境」レベル2），食物の多様性（「食事」レベル2），安全な環境（「安全」レベル2）の記述と結びついて精緻化されている。「動物の睡眠時間は異なる環境によって決まるが，人間の睡眠時間はそれぞれの生活によって異なる」と，多様性を結論の中心においている。

それぞれの生徒の記述に，授業前には気づかなかった要因が付加されたり，授業前の理解が精緻化されるような変化が見られた。完成した英文には文法や綴りの誤りも見られるが，本時の課題について各自が持った考えがはっきりわかる作文となっている。ともすると語彙力やコミュニケーションの力が不十分と考えられることもある高校1年生の授業において，これだけの理解や表現の前進を引き起こしたのは，授業中のどのようなやりとりだったのだろうか。

（3）ジグソー活動における建設的相互作用

　あるジグソー班のやりとりの様子を追ってみたい。このグループの生徒は，みんな英語で考え，英語で表現することに自信がなさそうな3人だった。エキスパートCを担当した三村さんは，「読めない単語がいっぱいあるんだけど」と報告にも逃げ腰な様子を見せ，Bを担当した沢井さんは，思った単語がなかなか口から出てこずにクスクス笑われて，「何で私が言うと笑うの」とふてくされるシーンもあった。Aを担当した吉田さんも，そんな2人に「待って，私の言うこと聞いちゃっていいの」と言いながら，「自信ない人ばっかりだな，ここ」と笑ってつぶやくのだった。しかし彼女たちは，このジグソー活動の時間に，人間の睡眠に環境，食事，安全，その他の要因がどのように働いているか，英語を使いながらのやりとりを通して考えを確かに前に進めることができていた。

　もちろん「英語を使いながら」といっても，すべての対話が英語で進められるわけではなかった。3人のやりとりは，日本語と英語を常に行き来するようなものだった。わからないこと，疑問に思ったことはほとんど日本語で発せられている。答えの候補を英語で発してみながら，その答えでよいのかということや，単語の綴りや文法的な正しさが同時に話題にされていくことで，少しずつ答えがよくなっていくような対話がジグソー活動の間ずっと続いていた。

三村：食べ物ってどういうこと？
吉田：we eat plant. 雑食だよね？　we eat plant and fish.
沢井：プ，プ，プ？
三村：plant。これ？
吉田：p, l, a, n, t, 植物。fish。safetyとかさ，人間いつでも安全じゃない？　We always, always safety.
三村：そうそう，factorsって何，ずっと思ってたんだけど。
吉田：そう！
三村：待って，みんなわかんなかったの？
吉田：そう，わかんないとできないよね。（調べて）……えーと原因だって。
三村：原因？　原因ってどういうこと？
吉田：原因だって。えーとそれを引き起こすほかの原因。other factors, これを，こ

　　　　れ以外に睡眠時間を決めるための原因は何があるだろうみたいな。
沢井：うーん，うーうん。
吉田：え，環境と食べ物とさ，無事かでしょ。え，でも環境がわかんない。
三村：環境？
吉田：always in the おふとん。
沢井・三村：ふふふ。
吉田：え，環境？　いつだって安全じゃん，いつでも寝れるじゃん。それを英語で言えばいいのかな。
沢井：in, my, house.
三村：うふふ。え，でも my house じゃない？　in my house. それか外。
吉田：室内。my house. 屋内って何て言うんだろう。
沢井：in, my, house, あ, いやいやいや。あ, in, room.
三村：部屋？　うんうん。
吉田：building, building って建物だっけ。

　生徒たちが対話を通して考えを進めていく際には，大きな課題の解決に向かう過程で小さな問いが次々に発せられ，その1つひとつを解決しながらまた新たな問いが持ち上がる，といった場面がしばしばみられる。ここでも，「食べ物」「安全」について，何を書くのか，どう書くのかを考えているうちに，そもそもメインの課題となっていた「factors」とは何だったのか，自分たちはよく知らないということに気づくのだった。「factors」についてわかったことで，各要因についての理解も進んでいく。次には「環境」や「安全」について，新たに言いたいこと，言えそうなことが見つかって，表現の仕方が探られていった。

沢井：支配って英語でなんていうの。
吉田：しはい??
三村：支配？　支配？　ふふ？
沢井：人間が他の動物を支配しているから襲われない。間違ってること言ってないと思うけど，自分。
吉田：支配ってなんだろ。支配でしょ？（中略）支配？（調べて）control！

英語◆実践の概要

三村：control だ。
沢井：We, we, we control other animals.
吉田：そうだ。We can? can にする？
沢井：うん。
（中略）
吉田：他に何があるのかな。自分の睡眠時間なんて考えたことなかったんだけど。（中略）先に日本語で挙げてっちゃったほうが早いかな？　体調とか？
沢井：運動量とか。
三村：ふうん。
吉田：あ，運動量。運動は英語で sports。
沢井：あと activity。
吉田：activity な気がする。activity …量？　activity times。活動する時間？
三村：いいんじゃない？

　いったん答えができたように見えても，まだ彼女たちはよりよい表現の仕方をさぐるやりとりをジグソー活動時間いっぱいまで続け，最終的に，「We can control animals. Activity times decide how many hours we sleep. We need energy to do thing.」という答えを作り上げていった。前節でみたような学習成果を生み出したのは，自信がない生徒も自分たちなりに英語の表現を探っていけるような，こうしたやりとりだった。さらに項目ごとに表に整理させる活動の仕掛けが，彼女たちに英語によるこまめなアウトプットの必然性を与え，日本語と英語の間を行き来する対話を支えていたことも見逃せない。

　これらの生徒たちの対話には日本語によるやりとりも多く含まれ，英語使用を重視する観点からは不安に見える点もあるかもしれない。しかしこれらのやりとりからは，そのつど湧き上がってくる疑問をいったん日本語で提起することが，生徒の新たな疑問や言いたいこと，言えそうなことの発見につながり，結果的に英語での表現の質も上げていくのだということが見えてくる。こうした事実は，理解の深まりと結びついた表現の質の向上をもたらす英語の授業のあり方について，1つの可能性を示すものなのではないだろうか。

東京大学 大学発教育支援コンソーシアム推進機構（CoREF）

知識構成型ジグソー法を用いた協調学習授業　授業案

英語

学校名：	和光国際高等学校	授業者：	山崎　勝
		教材作成者：	山崎　勝

授業日時	27年10月9日（金） 4限（11：45-12：35） 5限（13：20-14：10）	教科・科目	外国語 コミュニケーショ ン英語Ⅰ
学年・年次	普通科1年4組・3組	児童生徒数	41名
単元名	Q & A about Nature（Lesson 7）	本時／この内容を扱う全時数	5/6
教科書及び教科書会社	WORLD TREK English Communication I（桐原書店）		

授業のねらい（本時の授業を通じて児童生徒に何を身につけてほしいか，この後どんな学習につなげるために行うか）

自然界の身近な現象に素朴な疑問を持つことで，科学的に物事を考えてみる。そして，私たち，人間の睡眠も自然界の営みの一部であることを知り，自分の睡眠や生活習慣を振り返ってみる。

メインの課題（授業の柱となる，ジグソー活動で取り組む課題）

- 「人間の睡眠時間を規定している要因は何か。」

児童生徒の既有知識・学習の予想（対象とする児童生徒が，授業前の段階で上記の課題に対してどの程度の答えを出すことができそうか。また，どの点で困難がありそうか。）

- 動物の睡眠については，理科や生物の授業で多少の既有知識があるかもしれない。
- 人間の睡眠については，自分の経験に基づいて考えることはできると思われるが，エキスパート資料で示した要因以外に，他の動物には見られない人間特有の要因に気づき，それを自分の言葉で表現するのには多少の困難があるかもしれない。

期待する解答の要素（本時の最後に児童生徒が上記の課題に答えるときに，話せるようになってほしいストーリー，答えに含まれていてほしい要素。本時の学習内容の理解を評価するための規準）

人間の睡眠
- 赤ん坊が長時間眠るのは成長のため・成人の睡眠は生命を維持するため→必要以上に眠る必要はない・食事のために狩りをする必要がない→狩りに備えて睡眠により体力を温存する必要がない・食料は常に容易に手に入る→食料不足に備えてエネルギーの消費を抑える必要がない・肉も野菜も食べる→必要なときに必要な量をいつでも手に入れることができる・他の動物に捕食される危険がない→睡眠時間を減らして警戒する必要がない・知性により生活習慣や睡眠のとり方を自らコントロールできるのは人間だけである（他の動物は生活環境の変化に順応することはあるが，自ら環境に働きかけて環境を変化させることはない）→火や明かりの使用により生活環境をコントロールできる→昼夜が逆転した睡眠をとることも可能・動物の睡眠では生命維持が最優先であるが，生命維持が容易な生活環境となった人間は，必要最小限の睡眠を除いては多様な生活様式の選択が可能になった→個人により睡眠のとり方は多様→人間の睡眠時間を決定する要因は，「環境」「食事」「安全」だけでは説明がつかないことに気づかせたい

英語◆授業案　　139

各エキスパート〈対象の児童生徒が授業の最後に期待する解答の要素を満たした解答を出すために，各エキスパートで抑えたいポイント，そのために扱う内容・活動を書いてください〉

A．肉食動物の睡眠
- 睡眠時間が長い・狩りのために体力を温存する・狩りは成功するとは限らない・エサを手に入れるのは容易ではない・肉は高カロリーなので頻繁に食事をしなくてもよい・食事に時間がかからない・他の動物に捕食されることはない・飼育されている場合は睡眠時間はより長くなる

B．草食動物の睡眠
- 睡眠時間が短い・狩りをする必要はないが草のある場所に移動しなければならない・草は低カロリーなのでたくさん食べなければならない・食事に時間がかかる・肉食動物に捕食される危険が常にある

C．海生動物・渡り鳥の睡眠
- 他の種類の動物とは睡眠の質が異なる（半球睡眠）・呼吸のために泳ぎ続ける・呼吸のために海面に出る・長距離の飛行中も睡眠・捕食者に襲われる危険がある

ジグソーでわかったことを踏まえて次に取り組む課題・学習内容

メインの課題に関して，再度，個人でライティングに取り組む。

本時の学習と前後のつながり

時間	取り扱う内容・学習活動	到達して欲しい目安
これまで	・どうしてアリは列を作るのか（Part 1） ・どうして鳥は電線にとまっていても感電しないのか（Part 2） ・北極にペンギンはいるのか（Part 3）	それぞれの現象を科学的に理解し，自分の言葉で英語で説明できる。
前時	エキスパート活動 A．肉食動物の睡眠　B．草食動物の睡眠 C．海生動物・渡り鳥の睡眠	エキスパート資料の概要を自分の言葉で英語で説明できる。
本時	ジグソー活動→クロストーク ・「人間の睡眠時間を規定している要因は何か」	協調学習と英語の使用を両立させる。
次時	本時の課題についてのライティング	クロストークの内容を基礎にして，自分の言葉でまとまった文章が書ける。
この後	Rose O'Neill-The Creator of the Kewpies (Lesson 8)	題材内容を英語で自分の言葉で説明するとともに，感想等も加えて述べられるようにする。

上記の一連の学習で目指すゴール

学習した題材内容の理解を自分の言葉で表現することができる。

本時の学習活動のデザイン

時間	学習活動	支援等
（前時） 5分	動物の睡眠についてOral Introductionを行う。	写真を使って視覚補助とする。生徒との問答によりinteractiveに行い，生徒の理解を確認しながら進める。
10分	各生徒が一人で意見を書いてみる。	Worksheet①に記入する。
35分	エキスパート活動 A：肉食動物の睡眠 B：草食動物の睡眠 C：海生動物・渡り鳥の睡眠	要点をWorksheet A, B, Cに整理し，ジグソー活動で説明できるように準備する。
（本時） 30分	ジグソー活動	A，B，Cの要点を説明し合い，Worksheet②に整理する。 エキスパート資料の内容を統合して，ジグソー班の答えを出す。 Worksheet③に記入する。
10分	クロストークの準備	クロストークのスピーチの準備をする。
10分	クロストーク	ジグソー班がそれぞれ自分の班の考えと理由を述べる。 （Worksheet③）
次時	本時の課題についてのライティング	各自で本時の課題についてのライティングを行う。 （Worksheet④）

グループの人数や組み方

エキスパート班	3名×7班＋4名×5班
ジグソー班	3名×7班＋4名×5班

英語◆教材

授業の最初に各自が問いについて考える際に使用するプリントとジグソー活動で使用するプリント

"Sleeping hours"
Worksheet ②

Task : Listen to each other and take notes to share information about the sleeping habits of the different kinds of animals.

	meat-eating animals	plant-eating animals	sea animals	migratory birds
sleeping hours				
environment (What do they do?)				
food				
safety				

Name_____

"Sleeping hours"
Worksheet ①

Task:
・What are the factors that affect humans' sleeping hours? What are the things that decide how many hours we sleep?

Name_____

142　第2章　実践例

"Sleeping hours"

Worksheet A: Meat-eating animals

Do you know how many hours lions sleep every day? They sleep longer than most humans do. They sleep for about fifteen hours per day. Tigers also sleep for about the same amount of time.

Why can lions and tigers sleep for so long? The reason is simple. They do not have to worry about being attacked and eaten by other animals. They do not have to worry about predators. They are at the top of the food chain, so they can sleep lying down in a relaxed position.

What do they eat for their meals? Do they eat meat or grass? They eat the meat of other animals. They are typical meat-eating animals. They need to hunt other animals and hunting is hard work for them. In addition, hunting is not always successful. They may not be able to catch and eat other animals. After hunting, they are tired and need a good rest. They sleep for a long time to save energy for the next hunt. When hunting is successful, they can eat a large amount of meat at one time and meat is high-calorie food, so they don't have to eat it so often. Furthermore, it doesn't take a lot of time for one meal, so they can spend much of their day sleeping.

Dogs and cats are also meat-eating animals. When they lived in the wild, they hunted other animals. However, because they now live with humans, they don't have to worry about predators or hunt other animals anymore. For this reason, they can sleep for more than ten hours now, longer than when they were in the wild.

Notes:
sleeping hours 睡眠時間　meat-eating animals 肉食動物　humans 人間　attack 攻撃する　predators 捕食動物（肉食動物）the food chain 食物連鎖　lying down 横になって　relaxed position くつろいだ姿勢　meal 食事　grass 草　typical 典型的な　hunt 狩りをする　in addition さらに　successful 成功した　a good rest 十分な休息　save 節約する　a large amount of 大量の　at one time 一度に　high-calorie 高カロリーの　furthermore さらに　in the wild 野生で

英語◆教材

エキスパートA班がエキスパート活動で使用するプリント

Task:
- Explain the sleeping habits of meat-eating animals talking about the following points.

meat-eating animals			
sleeping hours			
environment (What do they do?)			
food			
safety			

Name _____

'Sleeping hours'

Worksheet B: Plant-eating animals

Do you know how many hours giraffes sleep every day? They sleep much shorter than humans do. They sleep for only about twenty minutes. We can find other kinds of animals which also sleep for a very short time. For example, zebras sleep for about one hour, and elephants sleep for about three hours.

Why do they sleep for such a short period of time? It is because they always have to worry about being attacked and eaten by stronger animals, such as lions and tigers. While they are sleeping, they may be killed and eaten by these animals. More sleeping hours may lead to a higher risk of death. For this reason, they have to sleep in safe places for a short time and always watch out for predators. They sleep in a standing position to respond to any danger quickly.

What do they eat for their meals? Do they eat the meat of other animals? No, they don't. They don't eat meat because they are plant-eating animals. They eat grass, leaves, roots and fruit. They don't have to be good at hunting, but instead, they always need to move from place to place to look for plants to eat. They travel a long distance to get food. In addition, plants are low-calorie food, so they have to eat a large amount to support their large bodies. For these reasons, they use so much time eating, so they don't have much time left for sleep. Nature taught them how to survive in the wild. For plant-eating animals, eating is more important than sleeping.

Notes:

sleeping hours 睡眠時間　plant-eating animals 草食動物　giraffes キリン　humans 人間　zebras シマウマ　elephants 象　attack 攻撃する　lead to ～の結果をもたらす　risk 危険　safe 安全な　watch out for 警戒する　predators 捕食者 (肉食動物)　standing position 立った姿勢　respond 応じる　danger 危険　meals 食事　meat (肉)　grass 草　leaves 葉　roots 根　fruit 果実　hunting 狩り　instead その代わり　move 移動する　from place to place 異なる場所へ　look for 探す　plants 植物　travel 移動する　distance 距離　in addition さらに　low-calorie 低カロリーの　a large amount たくさんの量　support 維持する　left 残されて　nature 自然　survive 生き残る　in the wild 野生で

英語◆教材

エキスパートB班がエキスパート活動で使用するプリント

Task:
- Explain the sleeping habits of plant-eating animals talking about the following points.

plant-eating animals			
sleeping hours	environment (What do they do?)	food	safety

Name _____

146　第2章　実践例

Notes:

sleeping hours 睡眠時間　sea animal 海生動物　migratory birds 渡り鳥　humans 人間　tuna マグロ　breathe 呼吸する　die 死ぬ　dolphins イルカ　whales クジラ　rest 休ませる　half 半分　brain 脳　mammals 哺乳動物　surface 海面　regularly 定期的に　fall fast asleep ぐっすり眠ってしまう　drown おぼれ死ぬ　safe 安全な　space 隙間　attack 攻撃する　seagulls カモメ　cranes ツル　sleeping habits 睡眠の習慣　length 長さ　mystery 謎　distance 距離　flight 飛行　fall out of 〜から落ちる　awake 目覚めている　respond 応じる　danger 危険　reduce 減らす　risk 危険　watch out for 警戒する　predators 捕食者

"Sleeping hours"

Worksheet C: Sea animals and migratory birds

Do sea animals sleep as humans do? They sleep but their sleep is quite different from ours, so we cannot tell how many hours they sleep. Do you know how tuna sleep? They sleep while they are swimming. Why? It is because if they stop swimming, they cannot breathe and they will die. Dolphins and whales sleep with one eye open. The other eye is closed to rest one half of their brain. Why do they sleep in such a way? It is because they are mammals and they need to swim to the surface regularly to breathe. If they fall fast asleep, they drown in the water. Some fish sleep in safe places such as in the space between rocks or in the sand so that they will not be attacked by stronger fish.

Birds such as seagulls and cranes also have the same sleeping habits and the length of their sleep time is a mystery too. They sleep by closing one eye and resting one half of their brain. Why? One reason is that they are migratory birds. They have to fly a long distance to warmer places during the winter. If they sleep deeply during the flight, they will fall out of the sky. However, if one eye is open and one half of their brain is awake, they can continue flying while they are sleeping. Another reason is that they always have to worry about being attacked by stronger birds. If one eye is open when they are sleeping, they can respond to any danger quickly. By keeping one eye open, they can reduce the risk of being killed by other birds. They watch out for predators.

英語◆教材

エキスパートＣ班がエキスパート活動で使用するプリント

Task:
- Explain the sleeping habits of sea animals and migratory birds talking about the following points.

	sea animals	migratory birds
sleeping hours		
environment (What do they do?)		
safety		

Name _____

英語◆教材

ジグソー活動で使用するプリントと次時のライティングで使用するプリント

"Sleeping hours"
Worksheet ④

Task: Write an essay answering the following questions.
Questions: What are the factors that affect humans' sleeping hours? What are the things that decide how many hours we sleep?

Name _____

"Sleeping hours"
Worksheet ③

Task: Thinking about the following points, answer the questions.
"What are the factors that affect humans' sleeping hours?
What are the things that decide how many hours we sleep?"

	humans
sleeping hours	
environment (What do they do?)	
food	
safety	
other factors	

Name _____

平成27年度　未来を拓く「学び」プロジェクト　授業者振り返りシート

授業日時 / 教科・単元　27年10月9日（金）／外国語　コミュニケーション英語Ⅰ

授業者　山崎　勝　　　教材作成者　山崎　勝

1．生徒の学習の評価（授業前後の変化）
（1）3名の生徒を取りあげて，同じ生徒の授業前と授業後の課題に対する解答がどのように変化したか，具体的な記述を引用しながら示して下さい。実技教科等で生徒の直接の解答が取れない場合は，活動の様子の変化について記して下さい。

生徒	授業前	授業後
1	School, club activity, study, TV, work, practice	I think that the things that decide our sleeping time are environment and lifestyle. We are always safe. It's because we don't have to worry about being attacked and eaten by stronger animal. So we can sleep long time. But, our life is so busy. We have many things to do. For example studying, working, clubactivity… Even if we want to sleep long time like meat eating animals, we can't sleep such as long time because we have these reasons. I think that we need a lot of sleeping times to keep our helth.
2	It's own life. Humans have different life.	One of the factors is safety. Now almost humans are live in safe house with enough food. So humans don't have to worry about being attacked by predators. Humans are top of the food chain. And humans don't have to hunt animal or pick plants, because humans can buy meat or plant at a shop. I think those factors make humans' sleeping hours longer. But factor that make humans' sleeping hours shorter is exist too. It's job. Humans have to work to get money to live. So humans are busy than any animals. Humans are sad animal.
3	Lifestyles. About 5-6 hours.	Humans has great brain. So strong animals are better at fighting than us, but we live safely. And we can grow any food, so we can get the food easy. When we use the brain, we need a lot of energy. So we must eat a well-balanced meal. And we must get 5-6 hours sleep. So I think human's sleeping hours decide lifestyles of using our brain.

（2）生徒の学習の成果について検討して下さい。授業前，授業後に生徒が答えられたことは，先生の事前の想定や「期待する解答の要素」と比べていかがでしたか。

　1の生徒は，忙しい部活動と学習の両立に日々，努力している。自分の経験を既有知識として，授業前は，「学校」「クラブ活動」「学習」「テレビ」「仕事」を要因に挙げているが，授業後は，そ

れらの要因について、なぜ人間が「忙しい」のかを、自分の生活を振り返りつつ、より詳しい言葉で説明している。
　2の生徒は、授業前は、要因として「生活様式」を挙げ、授業後は、「安全」が人間の睡眠時間を長くしたが、「仕事」という人間特有の要因が人間の生活を忙しくさせ、睡眠時間を短くしている、と述べ、複数の要因の関連を説明しようとしている。
　3の生徒は、授業前は、要因として「生活様式」をあげているが、授業後は、人間の、日々、「脳を使う生活」が要因であると述べ、他の生物より高度に発達した人間の脳の働きに着目している。

2．生徒の学習の評価（学習の様子）
　生徒の学習の様子はいかがでしたか。事前の想定と比べて、気がついたこと、気になったことをあげてください。

　生徒は、自分の経験を既有知識として活用しながら、より抽象的な解へと一般化しようと試みていた。自分の既有知識をきっかけに話し合いを始めることができたので、無理なく取り組めたように思う。

3．授業の改善点
　生徒の学習の成果や学習の様子を踏まえ、次の3点について今回の授業の改善点をあげて下さい。

（1）授業デザイン（課題の設定、エキスパートの設定、ゴールの設定、既有知識の見積もりなど）

　生徒自身の経験が既有知識として活用できる課題設定を考えた。エキスパート資料は、生徒の既有知識に加えて、メインの課題の解に至る手がかりになるような新情報を提示することを意図した。段階的に情報を整理しながら活動を進めていけるような無理のないデザインであったと思う。

（2）課題や資料の提示（発問、資料の内容、ワークシートの形式など）

　メインの課題の意図が正しく伝わるような発問になっているか、生徒の立場で点検してみることが必要である。発問がこちらの意図を正しく伝える言葉になっているか、自分以外の人の目で点検してもらうことができるとよいと思う。ワークシートは表に情報を整理していく形式にしたが、発表の際の視覚補助として表は活用しやすいものであることがわかった。

（3）その他（授業中の支援、授業の進め方など）

　2時間に分けて授業を行う場合は、2時間目の冒頭でも、グループでの活動の前に生徒全体への教員による導入は必要であると感じた。これは、全員が課題を共有し、同じスタートラインに立つために大切である。また、短時間であっても、クロストークの時間は必ず確保したい。生徒は他のグループがどのような話し合いをしていたかに関心を持っている。

授業者に聞く

山崎　勝先生（埼玉県立和光国際高等学校　外国語科）

Q 山崎先生は4年間実践研究を行われ，協調学習と英語使用の両立を主なテーマに考えてこられました。英語の協調学習の授業づくりのポイントとは？

A 　1つは協調学習としての授業の設計がちゃんとできているかということです。メインの課題があって，生徒の理解を見取る観察の窓をどうやって開けておくとよいかという観点から，ジグソーの問いの設定，それとエキスパートの中身，最後のライティングが一貫しているかといったあたりを特に気をつけています。もう1つ気になるのは，現実に生徒に英語を使わせるといったときに無理のない指導案になっているかということです。そこは十分シミュレーションをして，授業の最後にどうなってほしいというのも明確にイメージするようにしています。もちろんいろんな別解が出てくることは嬉しいですし，求める解答のほうに誘導しようということではないのですが，多様な考えを引き出すためにもまず最後どうなってほしい，こういう方向にこれをやったらいけるよね，という見通しを持って授業を設計すること，言語の使用という点からも，その中で生徒が英語を使えるような授業の作りになっているかということはすごく気をつけています。エキスパートの内容をちゃんと説明できるか不安な生徒もいると思うので，そこが無理のない英語でできるような手だて，手がかりがないとうまくいかなくなっちゃうんだろうなと思っています。

Q 先生が考える知識構成型ジグソー法のよさを教えてください。

A 　英語の授業では，しばしば学んだ内容の要旨を reproduction とか retelling, summary writing することを授業のまとめで行います。ですが，教科書の内容の要旨を発表しているわけだから，みんな読み終わっている内容で，聞き手は

あまり面白くないですよね。それで，ふとしたときに気がついたのはエキスパートというのはつまり，資料の要点を reproduction とか retelling できるようにしているんだなということです。で，ジグソーの冒頭でそれを相手に伝える活動は，その文章を知らない2人に自分だけ知っている内容を自分の言葉で言い換えてやっているんだなと。これは普段の授業でやっていることとつながっているし，普段の授業よりもはるかにやりがいのある，自然な言語使用の場面なんですね。というのも相手が内容を知らないから。ただ，そのときに何の補助もないとしゃべれないですよね。でも，エキスパート資料を「はい」って見せちゃうと面白くない。だからと言って，資料を暗唱させたいわけでもない。生徒が自分の言葉で説明してほしいと考えると，何か補助が必要なので，今日みたいな表であったり，写真，絵，グラフなんでもいいんですが，そういったものを補助として介在させます。すると，しゃべっている子にとっては，それを視覚補助として何をどういう順でしゃべればよいか思い出せる。ところが，元の話を何も知らない聞き手の生徒の方はその補助のシートだけ見ても情報不足で全貌はわからない。そのくらいの補助があれば，丸暗記したのを暗唱するのではなく，なんとか「これを伝えたいんだ」というのをたどたどしくても相手に伝えるような自然な言語活動をジグソーの冒頭のところでできるんですね。

　原稿があって prepared speech みたいに発表されてしまうと，その文章を読んでいない他のエキスパートの生徒はとてもじゃないけどついていけない。ですが，エキスパートの文章を離れて，手がかりとして自分で説明しようとするキーワードを選んで，生徒が自分の言葉で言葉をつなぎながらしゃべると，相当ゆっくりしかしゃべれなくなります。そのとき，相手を見ながら話すことになるので，もし相手にわからなかったら違う表現を考えることになる。相手の知っている単語を使わないとならないということももちろんあるし，その単語でわかってもらえなかったらまたこれにしよう，みたいなことを生徒はやっています。聞いている生徒のほうも一文をぱっと理解できるわけじゃないので，聞き返したり，復唱したりするんですね。相手の言っていることを言い直して，で，「わかった，わかった」みたいになってちょっとずつ進んでいくような対話の様子が見られました。自分に伝えたいことがあって，相手を見て，相手に伝わる言葉を選んで伝えていく。その伝えることを通じて自分も納得していく

というか，資料の理解が深まる。そんな読み方を引き出せるのがよさでしょうか。

　もう1つ，その後，ジグソーの問いに自分たちの言葉で解を出して表現するとなると，一段ハードルは高いです。学習した内容を説明できるってことを超えて，それについてもうちょっと考えてみる，それも一人じゃなくて他の人とそれについて考え，自分の表現をよりよいものにしていく。そういうところは従来の英語教育ではなかなか届かなかったところではないかと思います。協調学習の場合，クロストークで求めているのは今言ったような発展だと思うのですが，なんとかそこに届くように段階を踏んでやらざるを得ないような状況，やっていくようなフレームワークがあるので，そこに言語の難しさをクリアするような手だてを教科の知恵でのっけていくようなことができたら，英語教育として目指したい，これまでも目指してきた方向性に至る1つの手立てになると思っています。また，私たちの教材研究の面でも，みんながバラバラなことをやっていたらなかなか共通の土俵では議論できないのですが，共通のフレームワークがあるから，個人の試行錯誤ではなく，他の先生方といろいろと言いあえるというよさがあります。

Q 最後に，これから取り組んでみようとする先生方に一言お願いします。

A 教材を作られるときに生徒の立場に立ってやってみてスムーズにできそうかなとシミュレーションされると，生徒の気持ちもわかるし，どこがやりにくそうかなというのもわかるかなと思います。というのも，先生方は全部知っているうえで教材を作っているからこれならできるはずだと思っているわけですが，案外授業者の発問の意図がわからないということはあるわけです。自分の知識や先入観を抜きで，生徒の立場でやってみたらできるんだろうかという想像力を豊かにしないといけないなと。そういうこと抜きに頑張れ頑張れと言っても，多くの場合頑張れない生徒が悪いんじゃなくて，頑張れる課題を与えられない教師のほうが悪いんだと思うんですね。だから，無理のないものを自分で作っているのかというのを常に点検してみる，生徒の立場に立ってその課

題を自分でやってみるというのがいいんじゃないでしょうか。模範解答を作るつもりで自分で取り組んでみて，それでやりにくかったらたぶん生徒はもっとやりにくいに決まっていますよね。また，こうした生徒の学習のシミュレーションがちゃんとできていれば，生徒の反応に適切に答えて言葉を返すこともできますし，生徒が想定外のことを言ったときにもそんなに慌てずにだいたいどのへんの路線で進んでいるのかというのも想定できますよね。

第3章

実践に向けて

　ここまで第1章では「協調学習」の基本的な考え方を紹介し，第2章では5教科での実践例を紹介した。第3章では，実際に自分でも授業をつくってみたいという実践者の方に向けて，知識構成型ジグソー法の活用例および授業づくりのポイントを示す。

１．単元計画における知識構成型ジグソー法の活用例
（1）知識構成型ジグソー法の型の持つ意味
　授業づくりの具体的な話に入る前に，再度知識構成型ジグソー法の型の持つ意味とそこで生徒に期待する学習について確認しておきたい。
　図3-1は，知識構成型ジグソー法の各ステップで生徒に期待される学習を示したものである。
　この型の授業では，授業の最初に本時の課題，ジグソー課題で取り組んでもらう課題を提示して各人で現時点での考えを書いてもらう。こうすることで，生徒に今日考えるべき課題は何かを意識してもらい，それについて自分がどんなことを知っているか，知らないかを自覚してもらう。
　続くエキスパート活動では，それぞれが割り当てられた課題に答えを出すための部品を担当する。同じ部品を持った3～4名のグループで話しながら，次にジグソー活動に持っていける考えをつくる。このとき，「エキスパート」という言葉は使っているが，自分が「伝えられそうなこと」を持てれば，それが

↓ 相互作用を通じて自分なりに考えを前に進めることができたか	授業前に課題に答を出してみる	考えるべき課題が何か,それについて自分が何を知っているか(知らないか)
	エキスパート活動	課題について,ちょっと「伝えられそうなこと」を持つ (「誰かがこう言っていた」でも,「ここがわからない」でも)
	ジグソー活動	違う視点を持った人とのやりとりを通じて,課題についての自分の考えを先に進める (参加の仕方は多様)
	クロストーク	課題について,自分が「よさそうだ」と思う説明・表現を取り入れる
	授業後にもう一度自分の答えを出す	今日の自分が「わかってきたこと」「まだわからないこと」を自覚する
	その先に	問いたい問いが生まれる 次の授業が「わかる」チャンスになる

図3-1　各ステップで生徒に期待される学習

ひとまず「この資料もらったけど,ここのところがよくわからないんだけど」でも構わない。そうした「わからない」を持つことも,次のジグソー活動での学び合いを引き出すきっかけになる。

　続くジグソー活動がこの型の授業の中心になる活動である。生徒は,それぞれが違ったエキスパートの部品,違った「伝えたいこと」を持って集まってくる。ここで生徒に期待したいのは,自分の担当したエキスパートの部品を正確に伝えることではなく,それぞれの異なる視点を出し合いながら,課題について答えを作り上げたり,見直したり,また違う表現を試してみたりを繰り返してくれることである。こうした繰り返しが,個々人の理解深化のチャンスとなるからである。

　続くクロストークでは,各ジグソー班で出した答えを教室全体で交流する。各班の答えの差異に注目しながら,「あの表現がしっくりくる」「さっきもやもやしていたのはこれか」のように,より納得のいく表現を取り入れ,自分の考えをよくしていくチャンスをつくりたい。

　一連の活動の最後には,課題に対して今日自分で一番納得の行く表現で答えを出す。ここで出した答えを授業の一番初めに書いた答えと比べてみることで,今日自分がどこまでわかってきたかが実感できる。同時に「ここまでわかって

1.　単元計画における知識構成型ジグソー法の活用例　　157

きたからこそ知りたくなってきた」次の疑問を持ってくれることも期待できる。こうした自分なりのわかり，見通しとわからなさ，知りたいことを持って次の授業に臨むことができれば，次の授業が一人ひとりにとってまた「わかる」チャンスになっていく。

　この知識構成型ジグソー法の授業を取り入れることによって，単元の一連の学びの中にどんな学習効果が期待できると言えるだろうか。主体的に考え，対話によって考えを見直す授業を通じて，生徒がもともと持っていた知識を見直すチャンスを得たり，課題について自分なりの納得を持つチャンスを得たり，次の学習に向けて問いたい問いを持つチャンスを得たりできるのであれば，前時までの学習で学んだ知識を見直して再構成することや，次時以降の学習に向けての見通しや動機づけを得ることが期待できると言えるだろう。

　こうした知識構成型ジグソー法の効果を視野に入れ，この型の授業を単元の中でどのように活用していくとより効果的なのか，校種教科を超えて参考になりそうな例をいくつか紹介したい。

（2）これから学ぶ見通しをつくる―単元の導入での活用―

　この授業は，小学校5年生の「流れる水のはたらき」の単元の1時間目で実践されたものである。流れる水のはたらきという単元では，流れる水の持つ浸食・運搬・堆積の3つの作用について学ぶ。この授業では，導入において象徴的な具体例を提示し，事例と観察事実を結びつけて問いを探究していく授業を知識構成型ジグソー法で実践し，3つの作用のおおまかなイメージをつかませることをねらっている。各エキスパートでは関連する実験の動画を見せて，補助発問に即して自分の考えをまとめ，ジグソー班では持ち寄った考えを踏まえて「川が大きく曲がったのはなぜか」の自分たちなりの説明をつくった。

表3-1　小5　理科　流れる水のはたらき（導入）

問い	（昔の写真と比べて）川が大きく曲がったのはなぜか
エキスパートA	流れる水によって地面が削られる様子の観察
エキスパートB	川のカーブの内側と外側の流速の違いの観察
エキスパートC	川の流れの速さと運搬作用，堆積作用の関係の観察

（和歌山県湯浅町立湯浅小学校南紳也教諭（当時）による平成25年度の実践）

課題に対する答えとして，授業前には，「かべがけずられて」や「大雨で」「人が作った」などといった予想が多かったものが，本時の最後には，一例として，「川のカーブには，内側と外側があり，外側はすごく流れが速く，カーブの外側がけずられていった。内側のところは流れが弱く，流れてきた石や砂が積もって陸になった。これらを繰り返して川の形が写真みたいになった」のような解答を書くことができている。授業者の振り返りによれば，設定した期待する解答の要素3つのうち，2つについてはほぼすべての児童が踏まえられており，残り1つについては36人中10人が記述できていた，ということである。
　この時間の後，各エキスパートで扱ったものを含め，各種実験や観察を行いながら単元の学習を進めたが，児童は自分たちなりにわかっているイメージがあるので，「あのときのあれね」といった具合にスムーズに学習に取り組んでいけたとのことである。
　この先生の経験からは，こうした形で単元の頭に単元全体の内容をつかめるようなジグソーを取り入れることで，以降の学習に児童が見通しと興味を持って参加してくれ，結果的に単元全体としてかかる時間が短くなる，ということが言えそうだとのことである。高等学校の先生でも，単元の頭にジグソーをやるとそのあとの授業の「視聴率が高い」，とおっしゃる先生方もいる。これも（授業者からみれば不完全なところはあっても）自分なりの理解が形成されていることで，続く授業が生徒にとって「わかるチャンス」になっていることを示しているだろう。
　これまでの単元の流れを見直して，こうした導入での「見通しを持たせる」活用を行うことはどの教科でも可能であるだろう。エキスパートを教科書の予習の形にしてよりカジュアルに取り組まれた例もある。

(3) わかったつもりを見直し，自分のものにする—学習が進んだタイミングでの活用—

　知識構成型ジグソー法の授業を実際に試してみられると，特に校種が上にいくほど，「今まで一斉授業で教えていたことが意外と定着していなかったことがわかった」という感想をもらうことが多い。
　知識構成型ジグソー法の授業でやや高度な課題に取り組んでみる機会は，生

表3-2　高2　英語　進行形，動名詞，現在分詞

問い	絵に描かれていることを，3つのing（進行形・動名詞・現在分詞）を使って3通りに書き表す
エキスパートA	進行形の文法事項確認と英作文練習
エキスパートB	動名詞の文法事項確認と英作文練習
エキスパートC	現在分詞の文法事項確認と英作文練習

（埼玉県立松山女子高等学校中山厚志教諭（当時）による平成23年度の実践）

徒にとって「わかりやすく教えてもらったのでわかったつもりになっていた」ことをもう一度自分で捉え直して，自分の言葉で表現し直し，自分の理解にする機会になる。

　なので，「わかっているつもり」から「実はわかっていないかも」，そこからまた次の「わかった」に理解の質を上げることを期待するような場面，関連する学習を一通り終えたタイミングでやや質の高い課題に取り組むことを通じて理解を確かめ，整理し，より確かな定着を図るような場面での設定も効果的だと言えそうである。

　ここでは2つの授業の例を紹介したい。1つは高等学校の英語の授業で行われた3つのingを区別し，状況に応じて表現できることを課題にした授業である（表3-2参照）。

　この授業では，例えば，女の子がテニスをしている絵を説明するのに「Emi is playing tennis.（進行形）」「Emi's hobby is playing tennis.（動名詞）」「The girl playing tennis is Emi.（現在分詞）」のように3つのingの使い分けをすることを課題にしている。

　個々の文法事項は生徒にとって既習事項だが，実際にこのような形で課題を出されると，授業前の段階で十分な答えを出せる生徒はほとんどいなかった。

　3つの文法事項を比較検討しながら見直す活動を通して，生徒の書ける英文の数と質が上がり，授業の感想には「今までわかったつもりでいた進行形や動名詞，現在分詞ですが，こうやって3つを比べてみると違いがよくわかってないことに気づきました」といった気づきがみられた。

　同様に，中学校の数学，比例と反比例での授業の例として，単元の最後から2時間目の設定で，全国学力学習状況調査のB問題にあたるような応用問題に挑戦した事例を紹介する。

表3-3　中1　数学　比例と反比例

問い	3つの給水口 ABC からプールに水を入れ始めて，何時間後にプールの水位が150 cmになるかを考える
エキスパートA	給水口A（$y=10x$ のグラフ）だけで水を入れたとき何時間で150 cmになるか
エキスパートB	給水口B（3時間で20 cm，6時間だと40 cm……の対応表）だけで水を入れたとき何時間で150 cmになるか
エキスパートC	給水口C（$y=25/3x$ の式）だけで水を入れたとき何時間で150 cmになるか

（安芸太田町立戸河内中学校今田富士男教諭（当時）による平成24年度の実践）

　個々のエキスパートで取り組んでいる内容は，ここまで繰り返しやってきている課題なので，生徒たちはスムーズにこなせる。だが，3つを組み合わせて課題に答えを出すときに肝になる考え（＝比例定数は「1時間あたりに入る水の量」だから，3つの蛇口から水を入れる場合，3つの比例定数は足して考えてよい）ということには生徒はなかなか気づけない。

　「比例定数は1あたり量である」ということ自体は単元の学習の中で何度も教えられ，問題を解くときに使ってきた。「わかっている」「できた」はずなのに，改めて高い課題に即して使うことを求められると実はなかなか使えない，という1つの典型例だと言えよう。

　この授業では，ジグソー活動，クロストークでのやりとりを通じて，「この数字って1時間に入る水の量だよね？」「だったら足してもいいんじゃない？」「これが比例定数ってこと？」という改めての気づきが生まれ，単元の基本的な学習内容を活用した発展的な課題に，「こうだからこうなる」という自分たちなりの納得を持って答えを出すことができた。

　他にも，国語などにおいて一斉学習で一通り読んだテキストを新たな切り口から深めるような課題での活用，社会科などでばらばらに習った知識を自分で一本のストーリーにつなげていくような課題での活用も，こうした「わかったつもりを見直し，自分のものにする」設定の一例と言えるだろう。

（4）実技を中心とした教科での活用—単元全体の学習効果を視野に入れて—

　制作や実験が中心になる教科でも，先にあげた導入で見通しを持たせるパタ

ーンを活用することで実習のイメージをつかんでもらうこともできる。また，実習を終えた後に，振り返りで要点をつかんでもらうのにも活用できるだろう。「実技教科では，ジグソーは実習と座学のつなぎに使うと効果的だ」とまとめた先生もいる。

特に，実技を中心とした教科の場合，知識構成型ジグソー法を活用するねらいについて，本時だけでなく単元の一連の学習全体に与える効果も見越して設定する必要があると言える。例えば，体育実技の場合，運動量の確保が問題になるので，1時間単位で見ると話す活動の時間が多くなる知識構成型ジグソー法を取り入れるのにはデメリットが大きいとなってしまう。しかし，大きな単元の流れの中で，自分たちが取り組む戦術や練習方法について考える授業を知識構成型ジグソー法で設定してあげることで，以降の時間で「子どもが意図を持った動きをするようになった」「練習の中で自分たちでお互いに動きをチェックして，指摘し合えるようになった」というよさが，これまでの授業よりも顕著にみられたという報告ももらっている。本時の1時間の内容や成果に目が行きがちだが，単元全体での学習効果を視野に入れたねらいや課題の設定が必要になると言えるだろう。

(5) ねらいと課題の設定によって活用の仕方は様々

ここまでいくつかの例を紹介してきたが，知識構成型ジグソー法の活用の仕方はこれ以外にもねらいとそれに伴う課題の設定によって様々にありえる。

この他にも，典型的には，単元の導入でオープンエンド型の課題を使って関心を高めたり，おおまかなイメージをつくったりすることにも使えるだろうし，単元の終わりの方でオープンエンド型の課題を使って，その後の個々人やグループでの探求的な課題につなげていくこともできるだろう。また，クローズドエンドなタイプの課題設定でも，そこからさらに個人個人の「もっと知りたいこと」が出てくるのがこの型の学びの特徴でもある。

いずれにしろ，今日学んだことをこの1時間で終わりにしない，今日知識構成型ジグソー法の学習を通じて「わかったこと」や「知りたくなったこと」は次の時間以降の学習に生きてくる，という見通しを持って単元における活用をデザインしてもらえれば幸いである。

2．授業づくりのポイント―Q＆A―

　ここまで既存の実践例から，知識構成型ジグソー法の活用例を紹介してきた。東京大学CoREFでは，こうした活用例を蓄積し，ホームページや活動報告書で紹介してきた。新しくこの型の授業を試してみたいという先生方には，まず既存の実践例を試してみる，既存の実践例を自分の授業に合わせてアレンジして使ってみることをお勧めしている。一度試してみることで生徒にどんな学びの潜在能力があるのかが見えてくるし，また教材のこんなところで生徒はつまずくのだなというのも見えてくる。既存教材を使って目の前の生徒の学び方の実態を知ってから，ご自分の授業づくりを考えてみることはきっとプラスになるはずである。

　まず，既存教材をそのまま試してみてくださいと言っても「グループの組み方はどうしたら？」「授業中の教師の役割は？」など，試してみる前に気になることも多くあるのではないかと思う。また，自分で教材を作ってみようとしたときに，どこから手をつけたらよいのか迷われることもあるかもしれない。

　本節では，知識構成型ジグソー法を用いた授業づくりのポイントについて，先生方からよくもらう質問に答えるような形でまとめている。用意した質問は，以下の8項目である。質問に対する答えは，東京大学CoREFの考え，及びこの型の授業づくり研究に携わっている先生方の意見からまとめたものである。校種教科を超えて参考にしてもらえれば幸いである。

(Q1) 知識構成型ジグソー法の授業づくり，どこから手をつけるのがよいでしょうか？（p. 164）
(Q2) 知識構成型ジグソー法に適した内容，適さない内容というのは，あるのでしょうか？（p. 165）
(Q3) エキスパートの学習内容・活動はどのようなものにすべきでしょうか？（p. 168）
(Q4) 授業中における教師の役割はどのように考えたらよいのでしょうか？（p. 171）
(Q5) 知識構成型ジグソー法の授業を行う際にグルーピングのポイントはありますか？（p. 175）
(Q6) 知識構成型ジグソー法の授業を行うのに必要なコミュニケーションのスキルはどうやって身につけさせたらよいでしょうか？（p. 176）
(Q7) 知識構成型ジグソー法の授業を試してみたのですが，これでよかったのかどうかわかりません。評価はどのように行えばよいのでしょうか？（p. 179）
(Q8) 学力のことを考えると，知識構成型ジグソー法の授業では不安です。（p. 182）

Q1 知識構成型ジグソー法の授業づくり，どこから手をつけるのがよいでしょうか？

どこからこの型の授業をつくり始めるか，には様々なアプローチがありうる。典型的には，課題とゴールの設定から，エキスパートの設定からのいずれかが考えられそうである。

東京大学 CoREF では，特に初めてこの型の授業をつくる先生に対しては，課題とゴールの設定から授業をつくることをお勧めしている。これは，知識構成型ジグソー法で引き起こしたい学習はどういうものか，に関係している。知識構成型ジグソー法で引き起こしたい学習は，「知識構成型」というだけあって，それぞれの部品を組み合わせることで，よりよい答えを作り上げていくことができる，という学習である。こうした学習をデザインするためには，まず授業を準備する先生方の側で，「答えがよりよくなる」具体的なイメージ（こういう課題に対して，最初はこの程度の答えだろうが，最終的にはこういう答えに深まってほしい）を準備しておく必要がある。これが，課題とゴールの設定である。

エキスパートについては，このゴールに向けて，本時の生徒に足りない知識・視点，改めて考えてほしい知識・視点は何か，ということから設定が可能であるだろう。ゴールに基づいて必要な部品を考えた結果，それが3つでなく，2つや4つ，あるいはそれ以上になることもあってよいだろう。

エキスパートがいったん決まったら，今度は課題（具体的な発問）に即して，用意したエキスパートを組み合わせて実際に答えを出してみるとよい。そして，発問とでき上がった答えの対応に無理がないか，を検討し，再度発問の仕方やエキスパートの過不足を見直していくことで，教材の完成度は上がっていく。

逆に，特に初めて授業づくりに挑戦する先生方がいきなりエキスパートの設定から授業づくりを始めようとした場合，とにかく「3つのエキスパートになりそうなものがあるところ」を探して授業をつくろうとすることになるかもしれない。3つあるから，ということで持ってこられたエキスパートについて，改めて「この3つを組み合わせてどんなゴールに行き着いてくれればOKか」を考えることのほうが実はずっと高度であることに注意したい。「ただ3つの

情報を並べただけの答え」しかできないこともしばしばあるだろう。

　これでは、授業のゴールやねらいもあやふやになってしまいがちだし、知識構成型ジグソー法の型を使って引き起こしたい「それぞれのエキスパートをただ並べるのではなく、エキスパートの部品を組み合わせて答えを組み立てていく」学習にもなりづらい。

　ゆえに、知識構成型ジグソー法の授業であることはいったん置いておいても、本時のねらい、生徒に考えてもらいたい課題、そこから引き出したい具体的な答えをまずよく考えることに主眼をおかれることをお勧めする。

Q2 知識構成型ジグソー法に適した内容・適さない内容というのは、あるのでしょうか？

①どこでやるかより、どのくらい掘り下げられるか

　知識構成型ジグソー法で授業づくりを行う際に、適した内容や単元はどこか、という質問をしばしばもらう。基本的には、どの内容、単元でも可能だと考えるが、それ以上に大事なのは、その内容についてどの程度掘り下げる授業になっているか、だと言える。

　例えば、小学校の算数で三角形の面積の学習をする際に、授業の最後に全員が「三角形の面積は底辺×高さ÷2です」と同じように言えるようになるのがねらいであれば、この型を使って学習する必要性は薄いと考えられる。1つの決まった答えを全員がひとまず覚えることに主眼があるのであれば、講義式と反復練習のほうが短期的な効果は期待できるだろう。

　それに対して、「なぜ底辺×高さ÷2で三角形の面積が求められるのか」、一人ひとりが自分なりに納得できる説明の仕方を見つけてほしい、その考え方が今後別の多角形の面積の公式を考える学習にもつながってほしい、といったところをねらうのであれば、ジグソーの型を使って子ども一人ひとりが考える授業づくりに向いた内容であると言えそうである。こうしたねらいに対しては、子どもが自分で考え、納得いくまで表現を重ねて自分の理解を追求する学習が有効であるし、こうした学習によって獲得された知識は長期的に活用できる知識にもなりやすい。

②課題とゴールの設定によって学習は変わる

　同じ内容，単元で知識構成型ジグソー法の授業を行う場合でも，課題とゴールの設定が浅いと，それぞれのエキスパートを伝え合って，それを並べたら答えが書けるだけの学習になってしまうし，逆に課題とゴールの設定に掘り下げがあれば，エキスパートを組み合わせて答えを作り上げていく学習（＝この型を使って引き起こしたい学習）が期待できる。

　例えば，中学校の社会で豊臣秀吉の政治を学ぶ際に，「太閤検地」「刀狩令」「身分統制令」の3つの政策をエキスパートとして授業をデザインするとしよう。このとき，A先生は「豊臣秀吉の3つの政策を学ぼう」を課題として設定したとする。B先生は「豊臣秀吉はどんな社会をつくったか」を課題として設定したとする。それぞれの先生の授業では，ジグソー活動において生徒はどのように話し合い，どんなゴールに行き着いてくれるだろうか。

　A先生の課題の設定だと，ゴールは3つの政策それぞれの要約（＝各エキスパートで考えてきたこと）をそのまま並べただけの解答になってしまう。これだと，ジグソー活動で生徒は伝え合って，友だちの報告を書き写せば十分ということになってしまうだろう。自分のエキスパート以外については「友だちに教えてもらっただけ」ということにもなってしまう。

　B先生の課題の設定だと，課題に対して答えを出すためには，3つの政策の共通点やそれらが結局社会全体にどのような影響を与えうるか，を考察する必要が生じる。ジグソー活動では，生徒にはそれぞれ与えられた資料を組み合わせてそれらの意味を捉えようとすること，自分なりの言葉で表現することが期待されることになる。この場合，最初はそれぞれのエキスパートが情報を持ってくるが，すべての生徒に3つのエキスパートを比較検討することが求められる。

　また，Bの課題設定の場合，ただ3つの制度について学習した，ということだけでなく，3つの制度が武士中心の身分社会の基盤をつくったことを自分なりに理解することで，続く江戸時代の学習にもつながる理解を形成することができる，と言えるだろう（表3-4）。

　このように，同じ内容，同じエキスパートの設定でも課題の設定やゴールの掘り下げ方で期待される生徒の学習は変わってくるし，「ジグソーでやる意味

表3-4 豊臣秀吉の政策，2つの授業デザイン

A先生の授業デザイン	B先生の授業デザイン
課題：豊臣秀吉の3つの政策を学ぼう エキスパートA：太閤検地 エキスパートB：刀狩令 エキスパートC：身分統制令 ゴール： 秀吉は村ごとに石高と耕作者を定める太閤検地，武士と農民を厳しく区別する身分統制令，農民から武器を取り上げる刀狩という3つの制度をつくった。	課題：豊臣秀吉はどんな社会をつくったか エキスパートA：太閤検地 エキスパートB：刀狩令 エキスパートC：身分統制令 ゴール： 秀吉は，武士と農民を厳しく区別し，農民が確実に年貢を納めないといけない社会をつくった。これによって農民が反乱することを防ぎ，年貢も確実に手に入るので，武士にとっては安定した社会になった。

があるかどうか」も変わってくると考えられる。

③デザイン上ひと工夫必要なオープンエンド課題

ここまで，課題やゴールが深ければ内容にかかわらず知識構成型ジグソー法に向いている，と話してきた。しかし，発展的な課題設定でも，最終的に子どもの個々人の自由な考えを問うオープンエンド型の課題の中には，知識構成型ジグソー法を取り入れるのにデザイン上ひと工夫必要になりそうなものもある。

オープンエンド型の課題，その中でも典型的には，「限られた水資源を守るために，あなたにできることは何でしょうか」のような自身の行動に引きつけるタイプの課題など，生徒に明らかにオープンエンドであることが明示されているような課題の場合，生徒によっては「私はこう思う，以上」ということで，授業を通じて考えが深まらないということも起こりうる。こうした事態を避けるために，例えば，最終的に問いたい課題はオープンエンドでも，その手前に答えがあるようにみえる（＝クローズドな）問いを設定しておき，そこをジグソーの課題にする，といった工夫も考えたい。

先ほどの例で言えば，「限られた水資源を守るために，あなたにできることは何でしょうか」という最終的に考えてほしい課題の手前に，例えば「私たちが使った水はどこから来て，どこへ行くのでしょうか。水の旅を図にまとめてみよう」のようなややクローズドな問いを設定してあげると，それぞれのエキスパートで持ち寄った考えを組み合わせて答えを出すことができる。その答えに基づいて個々が自分なりに「できること」を考える，という学習計画にすることで，知識構成型ジグソー法を生かして，最終的に考えてほしい課題への考

えの深まりを期待できる自然な学習の流れを作ってあげられると考えられる。

教師が最終的に考えさせたい課題や言わせたい抽象的なまとめがそのままジグソーの課題やゴールに適しているとは限らない。場合によってはもう一歩手前の問いを用意したり，まず具体的，限定的な事例ベースの課題を用意したりすることが効果的なケースもあることを視野に入れ，問い方の引き出しを広げたい。

Q3 エキスパートの学習内容・活動はどのようなものにすべきでしょうか？

①エキスパートの活動のあり方は多様

知識構成型ジグソー法の授業づくりにあたって，エキスパート活動はそれぞれの班に違った資料（読み物）を用意して読ませないといけないのか，という質問をもらうことがある。もちろん，そうとは限らない。それぞれのエキスパートが実験を行い，その結果をまとめたり考察したりするようなエキスパート活動もありえるし，共通のテキストを読んで，異なる補助発問について考えてくるようなエキスパート活動もありえる。

エキスパート活動の意義は，ジグソー班で他の仲間と一緒に課題に答えを出そうとするときに，「私は他の人と違う視点，ヒントを持っている」，だから「私には他の人に伝えたいことがある」という状態をつくってあげるという点にある。そう考えれば，そのためのエキスパート活動の内容にはいろんな可能性があってよいはずである。

だから，国語などで，「エキスパートでは本文を3つに分けないといけないのですか？」という質問をもらうこともあるが，同じ文章を読んでもそれについての違う問いについて考えてくれば，それはもう違うエキスパート活動であると言える。教科の特性に合わせて，柔軟に準備してもらいたい。

②エキスパートの視点はどのくらい「違う」必要があるのか

知識構成型ジグソー法の授業づくりの際に，内容が違っていて，かつ同じくらい大事な3つのエキスパートを設定するのが難しい，という話を聞くこともしばしばある。

こうした悩みについて考える際に，まず知識構成型ジグソー法で引き起こしたい学習はどんなものか，そのためにエキスパート活動はどんな役割を果たしているか，を整理する必要があるだろう。

　知識構成型ジグソー法で引き起こしたい学習は，本時の課題について自分の考えと仲間の考えを比較吟味しながら，自分の考えを見直し，よりよい解の表現を作り上げていく協調学習である。こうした学習が引き起こされやすい条件として，学習に参加する一人ひとりが「私には相手に伝えたい考えがある」「私の考えは相手に歓迎される，聞いてもらえる」「みんなの異なる考えを組み合わせるとよりよい答えができる」という自覚，期待感を持っていることがあげられる。エキスパート活動には，ジグソー活動での課題解決において，上記のような自覚や期待感を持たせてあげるためのステップという意味合いがある。大事にしたいのは，ジグソー活動での協調的な課題解決であり，エキスパート活動はそのための準備段階であると考えてもらえればよい。

　その意味では，極論すれば，各エキスパートは「生徒から見て違う」ものであれば，この自覚や期待感を持たせるエキスパート活動しての機能を果たしうる，と言える。例えば，授業をデザインする先生からすれば「結局同じことを言っている3つ」であっても，それが生徒にとって高い課題になりうるものであれば，その3つを比較検討しながら，共通の本質に気づいていくような学習も十分意味があるものになるだろう。

③**エキスパート活動で生徒に期待すること**

　エキスパート活動で生徒に期待するのは，上述のように本時の課題に対して，自分なりに「私には相手に伝えたい考えがある」という状態になってもらうことである。この伝えたい考えというのは，必ずしも授業者側の期待するとおりのものである必要はない。「この資料もらったんだけど，よくわからなかった。こことかどういう意味？」といった考えでも，ジグソー活動の班（以下，ジグソー班）に持っていければよいだろうと考えている。

　「エキスパート」という言葉を使っているが，これは必ずしも「与えられた内容を完璧にマスターしてこないといけない」というわけではない。生徒に対して，「ジグソー活動に行ったらこの内容はあなたしかわかっていないんだから，ちゃんと説明できるようにしてね」ということを声かけて印象

2．授業づくりのポイント―Q&A―　　169

づけることは，学習意欲を引き出す上でも効果的なことが多い。

　ただ，このとき授業者の側としては「エキスパート活動で，生徒が与えられた内容を完璧にマスターしてこないといけないわけではない」ということを認識しておきたい。エキスパートでの不十分な理解をジグソー活動に持っていくことで，他の視点も取り入れながらエキスパートの内容を理解していく，という生徒の学習の様子はしばしばみられる。むしろ，エキスパートでの理解が不十分であるからこそ，他の仲間も含めて，ああじゃないか，こうじゃないかと考えるきっかけをつくることができ，最終的にはそのことによってより深い理解を得るチャンスが得られることもしばしばあるのである。

　生徒が自分で考えて理解を形成していく授業では，授業者は，こうした生徒の多様な学びの可能性を視野に入れ，授業者が事前に想定したプロセス以外の学び方も尊重する必要がある。

④「きちんと伝えられるように」する支援は必要か

　逆に，エキスパート活動で避けたいのは，「きちんと伝えられるように」教員が準備をしすぎて，生徒が考えながら自分の言葉で話すことを妨げるようになってしまうことである。

　例えば，進路多様校など，表現の拙い生徒が多いクラスの場合，「きちんと伝えられるように」ジグソー活動で伝える内容を穴埋めなどで文章にして作成させるような工夫も考えられる。これを行うとどのようなことが起こるか。

　生徒は，つくった文章をただ読み上げることになる。こうした読み上げの言葉は生徒の自然な言葉ではないので，聞いている方の生徒も内容を咀嚼できないことが多く，そのため質問がでたり，自然なやりとりに発展したりすることもあまり見られない。結果，ただまとめてきた文章を写しあって終わり，という活動を助長してしまいがちである。

　逆に，言語表現が苦手な生徒どうしでも，考えるべき問いさえはっきりしていれば，問いに即して自分の考えを少しずつ言葉にすることは可能である。適切な補助発問を設けてあげれば，それをきっかけに自分の考えを休み時間と同じように，たどたどしくも自然な言葉で話すことができる。こうした発言は聞き手の生徒にも自然に受け取られるので，伝える側の表現が不十分でも，聞き返しや合いの手，突っ込みなどの自然なやりとりが起こり，自分たちなりの理

解を形成していくような相互作用になりやすい。

むしろ,「きちんと伝える」ための支援をしすぎないこと,生徒が自分の無理のない言葉で表現するためにはどうすればよいか,を考えてあげることが重要になる。進路多様校の先生方のこれまでの実践では,説明用にジグソー班で共有する補助資料（各エキスパート資料の図や表だけを載せて本文がないもの）を用意したり,説明用の補助発問を用意するといった工夫が効果的に機能していた例も見られた。

⑤生徒の考えを引き出す工夫としての補助発問の設定

生徒の考えを引き出す工夫として,特にまだあまりこうした授業づくりの経験のない先生方に大事にしてほしいのが,資料への補助発問の設定である。

先ほど,穴埋めなどで伝えることを文章化させるようなことは避けたほうがよい,と言ったが,逆に資料だけ渡して完全に自由に考えさせたり,あるいはただ漠然と「大事なところをまとめよう」のような指示をしたりしても期待するような学習活動にならないことはしばしばある。資料を作成した先生が「この資料で大事なのは当然ここだろう」と思っていても,生徒が大事だと思うところは違うことはしばしば見受けられる。特に社会科など,新出の用語が多く出てくるような資料だと,高校生でも基本的に「とりあえず知らないことが書いてあったら大事なこと」だと認識していることも多い。

こうした実態から考えると,「その資料からこんなことを考えてほしい」という方向性,「ここに着目して考えてほしい」という点は,補助発問の形で示してあげるという授業デザイン上の工夫は有効だろう。その上で生徒自身がその視点に沿って,拙い表現でも自分なりの言葉で表現できることを大事にしてあげたい。

Q4 授業中における教師の役割はどのように考えたらよいのでしょうか？

①授業中の教師の主な役割は,課題提示,観察

知識構成型ジグソー法の授業の場合,主役は一人ひとりの生徒である。授業が始まったら,彼らが自分なりに考えて課題に答えを出すプロセスを邪魔せず

に，支えてあげるのが教師に期待される役割だと言える。

　だが同時に，この型の授業では，「生徒が自由に考えてくれればいい」ということをねらっているわけではない。「学んでほしい課題」や「そこでどんなことを学ぶか」は，事前の教材準備を通じて，教科内容の専門知識を持った先生方が設定し，方向づけるものである。その上で，生徒が教師のねらいをどれだけ超えていってくれるか，そこは生徒に託したいと考える。だから，授業が始まったら，なるべく教師からの働きかけは少なくしたい，その分事前の教材準備で勝負，というのが理想なのである。

　ただし，授業中に教師の役割がまったく必要ないわけではない。高等学校での授業を見ていると，小中学校と比べて教師の指示や課題提示が大変簡単，ときに不十分であることを感じる。例えば，教師が「プリント配るのでグループで話しながら取り組んでください」のようなごくごく簡単な指示のみで複雑な中身のプリントを配布し，生徒が「え？　どこ？　何やるの？　とりあえず答えを書けばいいってこと？」といったリアクションをしているような場面だ。高校生は小中学生と比べれば理解力が高いので，指示が不十分でもひとまず自分たちの解釈で作業を始めてくれる場合が多いが，それが実が教師の意図とは違う活動になっているような場面も散見される。

　生徒が教師の課題を（少なくとも彼らなりに）引き受けて，課題に取り組んでくれなければ，ねらった学習は期待できない。だから，生徒たちにねらったように課題を理解してもらうことについては，授業の中での教師の重要な役割と言える。

　指示や発問の言葉は事前に十分に練っておくべきだし，それを支える導入も必要に応じて行うこともあるだろう。ただ，それでも生徒が思ったように課題を受け止めていないというケースもありうる。そこで，生徒が課題をどのように受け止めているのか，自分の出した指示や発問が通っているのかを生徒の様子を観察しながらつかむことも必要になってくる。場合によっては，いったん活動を止めて全体に指示や発問をし直してあげることが必要な場合もあるかもしれない。

②個々のグループにはなるべくなら関わらない

　知識構成型ジグソー法の授業では，複数のグループが同時並行的に自分たち

の学習を進めている。当然，授業者もその場ですべての班でどんな学習が起こっているかをつかむことはできない。

　だから，例えば，「この班心配だな」と思うところに授業者が行っていきなり声かけや指示などをしてしまうと，そのとき生徒が考えていたことがそれによって霧散してしまうということが起こる。研究授業などで1つのグループを丁寧に参観していると，生徒が何か気づきかけていたことがこうした授業者の介入によってつぶされてしまい，結局その後ももとの考えに戻ってこなかったという場面がしばしば見受けられる。

　また，授業者が個々のグループに介入してしまうことで，「結局困ったら先生が教えてくれる」という信念を生徒に形成させてしまうことにつながってしまう。そうなると，せっかくジグソーの型を使って，「私には自分で伝えたいことがある」「考えるのは私なんだ」という状況を整えたことが台無しになってしまうだろう。

　グループが煮詰まっている様子でも，しばらくそのグループの様子を観察した後に，「今何を考えているの？」と聞いてあげる程度の関わり方に留めておくことを推奨したい。ここで生徒から「わからないこと」が出てきた場合でも，そのグループで教師が話し込むことは避けたい。特にその「わからないこと」が課題や指示に関することであれば，他の班でも同じ状態になっていないかを観察するべきだろうし，必要に応じて全体に指示ができたほうが有効である。

　逆に，グループで生徒たちが「もう私たちできちゃった」という状態になっている場合は，声かけが次の学習を引き出す助けになることもありえるだろう。例えば，エキスパート活動で誰か一人が答えを出し，それを他の生徒も写して満足しているような場合，「次の班に行ったらこの内容を知っているのは一人だけだからね。ちゃんと全員が自分で理解して説明できるように今のうちに確認しておいてね」のような簡単な声かけが停滞していた生徒の学習を活性化する場面もしばしば見受けられる。

③**クロストークでの教師の振る舞い**

　クロストークでの教師の振る舞いについても，一番留意したいのは，「結局先生が答えを教えてくれるんじゃん」というふうに生徒に受け取られないことである。そのために，「今日はたくさんの意見が出てきたけど，みんなの学

だことはこれだったね」のように，授業者が本時の最後にまとめをして，それを最終的に生徒たちが全部書き写すような学習はまず避けないといけないだろう。あくまで生徒一人ひとりのわかり方，表現を大事にしたい。

　それなら，ただ発表させていけばよいかというと，ここでもやはり教師ができることで，生徒が自分の考えを磨く上でプラスになることはあるだろう。

　例えば，生徒の発言の中でキーワードになるところ，特に他の生徒の発言と比べての微妙な差異などは，聴いている生徒たちが気づきにくいこともあるかもしれない。こうした部分を授業者が適切に繰り返して強調してあげることなどは効果的だろう。

　また，生徒たちのクロストークから，授業者として「別の聞き方でも表現させてみたい」ということが出てくるかもしれない。例えば，生徒の理解が不十分かもしれないと考えられる場合，いくつかの考え方が出てきて比較検討させたい場合などである。こうしたときには，いわゆる揺さぶりの発問だったり，発展的な課題，ちょっと違う聞き方の発問を行うことで，生徒の考えを引き出したり，生徒どうしの考えの違いに着目させたりすることもできるだろう。

　授業者の考えを「正解」「まとめ」として生徒に押し付けるのではなく，生徒の考えを引き出し，特にその差異に着目させながら，より納得のいく表現を個々人が追求する助けにしてあげるのがクロストークで教師に期待される役割だと言える。

　なお，数学など「答えが１つに決まる」題材では，単純に答えの正誤を伝えることが常に「正解を子どもに押し付ける」ことになるとは限らない。クロストークの中で「これが正解だ」というのを提示し，「なぜ違った答えになったのか？」「正解の考え方を説明してみよう」のような次の課題に取り組ませることで，個人やグループでの学習がさらに深まることもある。こうした「答えが違っていた」ことを次の学習の出発点にするような次の学びのデザインも当然ありうるだろう。

Q5 知識構成型ジグソー法の授業を行う際にグルーピングのポイントはありますか？

①型の原理に基づいて外したくないポイント

　知識構成型ジグソー法の授業におけるグルーピングについては，まず型の原理に基づいて基本的に外したくないポイントが2つある。

　1つは，ジグソー活動のときに，（可能な限り）1つのジグソー班では1つのエキスパートを担当する生徒は1人にしたいということである。知識構成型ジグソー法の肝は，ジグソー活動での課題解決において，一人ひとりが「私には伝えたいことがある」「私の考えは歓迎される」という状態を自然とつくってあげる点である。同じエキスパートの生徒が班に2人いれば，こうした状況の意味はだいぶ削がれてしまう。

　一番極端な例で言えば，学力低位の生徒と上位の生徒をセットにして同じエキスパートを担当させ，そのまま2人を同じジグソー班に移してしまえばどうなるだろうか？　もうこの低位の生徒が参加するチャンスや必然性はほとんどなくなってしまうと言えるだろう◆。

　生徒の数の都合でどうしてもAABCのような同じエキスパートの生徒が重なるジグソー班が発生する場合もある。その場合も同じ資料でも違うエキスパート班（例えば，Aの資料の1班と2班）から一人ずつ持ってくるような形で，少しでも生徒たちに「違いがあること」を明示してあげたい。

　違いの明示によって個々の生徒の参加を促すという視点に加え，グループの人数を3〜4名程度にしておくことには，多様な考えを生かすという視点からも意味があることを付け加えたい。グループの人数が多すぎると，生徒が自信のない考えをつぶやきにくくなったり，つぶやいたとしてもそのつぶやきが他の生徒に拾われにくかったりしてしまう。また，常にどこかでいろんな話題が出ていることになりがちなので，じっくり考えを持つ余裕が生まれにくいのも気になる点である。少人数で顔を向き合わせることで，自信のない考えをつぶやいてみたり，それに応答したり，ときにはじっくり考えて黙り込むような場

◆ 学力低位の生徒が一人できちんとエキスパートの役割を果たせるか不安だ，という点については，本節Q3③（p.169）を参照のこと。

面も生まれる。こういった場面は，生徒がレベルの高い課題に対してよりよい答えをつくっていくプロセスでしばしば有効に機能する。

　もう1つのグルーピングのポイントは，なるべくすべての生徒が対等に参加できるよう，明示的に（あるいは生徒からそうだと気取られるように）リーダーを置かないこと，である。リーダー役の生徒がはっきりしていれば，他の生徒の主体的な参加が難しくなる。この型の授業で問題にしたいのは，「グループの達成」ではなく，「個々の理解と表現の深まり」である。どの生徒も遠慮せずに自分の理解を追求できるような環境を整えたい。

　もちろん，これは「生徒の人間関係を考慮してはいけない」という意味ではない。個々人が主体的に学ぶために，グループが誰かに頼りきりになるような関わりを教師の側が積極的に助長しないようにしたい。

　以上の2点を除けば，グルーピングはクラスの実態や先生方のねらいに応じて臨機応変に組んでもらうのがよいだろう。数多く実践されている先生方の中には，完全にランダムグループで実施される先生も多い。

Q6 知識構成型ジグソー法の授業を行うのに必要なコミュニケーションのスキルはどうやって身につけさせたらよいでしょうか？

①ジグソーはコミュニケーションの力を引き出すための型

　東京大学CoREFでは，これまでの認知科学・学習科学分野の研究から，基本的に人間はコミュニケーションや協調的な問題解決のスキルを潜在的に持っていて，状況が整えばこうしたスキルを発揮することができると考えている。日常の生活場面を見てみると，生徒は，日々の経験から自分で考えていろいろなことを勝手に学んでいるし，新しい問題が起きると，自分で答えを出そうとするし，自分が経験していないことについても，他の人の考えを取り込んで，試してみることを行っている。

　もし私たちが，「生徒は他者とコミュニケーションをとりながら主体的に問題解決をしていくのが苦手」だと考えるなら，それはもしかしたら私たちが「生徒が自分で考えて，考えながら話している」のを聞くチャンスが少ないからかもしれない。授業の中で「グループで話し合ってください」という場面を

つくってあげても，それが生徒にとって「自分で考えて自分の言いたいことを話す場」になっていなければ，なかなかこうした「他者とコミュニケーションをとりながら主体的に問題解決をしていく」力は引き出されてこない。

　知識構成型ジグソー法の型は，共通に解きたい問いに対して，一人ひとりが自分しか持っていない情報を持っているため，「私には伝えたいことがある」「私の考えは歓迎される」という状況を作り出しやすい。これは生徒にとってコミュニケーションや協調的問題解決の必然性がある状況，言い換えれば彼らが潜在的に持っているコミュニケーションや協調的問題解決のスキルを大変発揮しやすい状況であると言える。

　そう考えると，知識構成型ジグソー法の授業を行うためにコミュニケーションのトレーニングが必要というよりは，ジグソー活動のような「比較的コミュニケーションのスキルを発揮しやすい状況」で自然なコミュニケーションの経験を繰り返し積ませてあげることが，生徒が潜在的に持っている力を引き出すための最適な経験のひとつであると考えるほうが自然だと言えるだろう。

②コミュニケーションのあり方は多様であることを認める

　そうは言っても，「実際ジグソーの授業をしたが，やはりよくしゃべる生徒とあまりしゃべらない生徒がいる」「考えを十分に言葉にできていないから，まず表現方法の指導が必要」と感じている先生方もいるかもしれない。

　こうした点について考える上で，私たちはコミュニケーションのあり方の多様性を認識しておく必要があるだろう。他者とやりとりをしながら自分の考えを形成していく上で，考えを言葉に出しながらまとめていくのが得意なタイプの人，逆に他者の発言を聞きながら客観的に考えて自分の中でまとめていくのが得意なタイプの人，というのは大人でもどちらもいるのではないか。散々前者タイプが話をした後に，後者のタイプが，「結局こういうこと？」「でもそれだとこれがおかしくない？」のような鶴の一声を発するようなコミュニケーションもしばしば見かける。また，こうしたタイプそのものも，各人に固有というよりは，そのグループでの人の組み合わせや話す題材などの状況によって変わってくる部分も大きいだろう。「全員が主体的に参加して積極的にコミュニケーションをとっている場合でも，全員が同じ量しゃべるわけではない」「たくさんしゃべっている人がたくさん考えているとは限らない」というのは留意

しておきたい。

　その上で，では，実際に人がコミュニケーションをとりながら主体的に問題解決をしていくときの発話とはどんなものだろうか。こうした場面で子どもたち（あるいは大人たち）がしゃべっている言葉を書き起こしてみると，主語だけを何度も言い直したり，誰かが話しかけて詰まった文章を，他の誰かが継ぐようにしゃべったり，など不完全な発話が思いのほか多くみられる。こうした発話は私たちが「考えながら話している」，あるいは「話しながら考えをつくっている」ときに特徴的なものである。

　授業の中で，こうした「考えながら話している」，あるいは「話しながら考えをつくっている」場面を自然に何度も引き起こすことができれば，他者と考えながら自分の考えをよくしていく協調学習が深まっている証拠だと言える。

　そう考えると，逆に授業者の側としてここで避けたいのは，生徒に「きれいな発話」「まとまった発話」を強要することによって，こうした自然なコミュニケーションをつぶしてしまうことだと言える。小学校でしばしば見かけるような，話型を使うことや司会を入れることは，一見コミュニケーションを円滑にするように見えるが，上述のような「考えながら話す」活動を大変起きにくくするリスクをはらんでいる。高等学校の場合このようなケースは少ないが，エキスパート資料の説明を文章でまとめさせてそれを読み上げるような活動を促すと，考えながら話すような活動につながりにくいことには注意したい。

　小学校低学年の子どもどうしが休み時間などに自然に話しているところを聞いていると，大人には非常に分かりにくく聞こえるようなやりとりでも，スムーズにお互いの意思疎通をしている。「話したい状況」「一緒に問題を解きたい状況」「友だちの考えも聞きたい状況」が整えば，授業中でも子どもたちは同じことができる。あるベテランの小学校の先生は，知識構成型ジグソー法の授業に挑戦されて，「小学校1年生の子どもどうしで話しているほうが，私が話すより納得しているのが悔しい」とおっしゃっていた。こうした子どもたちの自然な対話の力を引き出すのが教師の役割だと考えたい。

> **参考**
>
> こうした生徒の自然な対話による理解の深まりの具体例については，第2章の実践例でも紹介している。
> また，実際の授業づくりにおいて，特に「エキスパートで学んだことを仲間に伝える場面」で生徒に何を期待しどのような支援を行うか，については，本節Q3（p.169～171）

Q7
知識構成型ジグソー法の授業を試してみたのですが，これでよかったのかどうかわかりません。評価はどのように行えばよいのでしょうか？

①一番に評価したいのは，個々の生徒が自分で表現できる解が深まったかどうか

　東京大学CoREFが知識構成型ジグソー法を使った授業づくりを提案しているのは，個々の生徒が自分で考え，他者とやりとりしながら，自分の考えをよりよいものにしていく協調学習を日々の教室の中で引き起こすために，この型を使った授業づくりが適しているものの1つだと考えているためである。

　だから，この型を使った授業で私たちが一番に評価したいと考えているのは，「個々人が他者とのやりとりを通じて自分の考えをどれだけよくできたか」である。「この1時間（あるいは，一連の学習のひとまとまり）でそれぞれの生徒が何を学び，学んだことを活用しながらどう表現できるようになったか」を測りたい，という言い方をすれば，通常の授業における評価とあまり変わらないと言えるだろう。

　ただ，「この1時間でそれぞれの生徒が何を学び，学んだことを活用しながらどう表現できるようになったか」を評価するのに，私たちは①その生徒が自分の納得できる解としてどんな表現ができるか，②その解は，授業の最初と最後で深まっているのか，を問題にするべきだと考える。この点が少しユニークかもしれない。

　①その生徒が自分の納得できる解としてどんな表現ができるか，については，授業で先生が答えをまとまった形で与えてしまって，その教えられた答えをそのとおり答えられるかどうか，ということと区別して考えている。だから，授業の「まとめ」として教師の答えを提示せずに，個々の生徒が自力で答えられた表現がどのようなものだったか，を評価したい。

2．授業づくりのポイント―Q＆A―　179

②その解は，授業の最初と最後で深まっているのか，については，例えば，授業の最後に一定の水準の解を全員が表現できたとしても，実は授業前からほぼ同様の答えが書ける状態の生徒が何人かいるようなクラスだったら，その生徒たちにはこの1時間で学んだことはあまりなかったと考えざるをえないだろう。特に小中高と校種が上に進むにつれ，授業の感想などとつき合わせてみたとき，こうした「授業前から授業後とほぼ同様の答えが出せていた」生徒の授業に対する満足度は低いことが多くみられる。

この①②を踏まえた知識理解の深まりの評価を行うために，知識構成型ジグソー法では，一連の学習の最初と最後に（ほぼ）同じ発問に対して，個人で考えを書いてもらう時間を設けている。ここで個々の生徒が書いたことをもとに，授業の前後で表現できる解がどう深まっていたかをみることで，この授業で個々人がどう学んでいたかを評価する材料になるし，同時にこの授業のデザインがうまく機能しているかを振り返る材料にもなる。

> **参考**
> 第2章の実践例では，こうした一連の学習の前後での解答の変容をもとに，生徒の学びを見取る例を紹介している。

②学習の記録に基づく授業の振り返りと継続的な授業改善

「指導と評価の一体化」という言葉もあるが，今日の授業で生徒がどう学んでいたかの評価は，同時に今日教師が行った授業がどのような学びを提供していたか，の振り返りにもなることは重要な視点である。今日の生徒の学習の様子や授業前後での解の深まりなどの具体的な学習の記録を，授業者の用意した教材，発問，資料，授業運営の工夫と関連付けながら振返ってみることで，次の授業デザインに生かすことのできる視点を得ることができる。

このとき，振り返りの材料に，授業者の主観や印象だけではなく，具体的な生徒の表現の記録を用いることが重要である。例えば，生徒が想定した答えを出してくれなかった場合，「問題が難しくて戸惑っていたようだった」という主観的な観察記録だけからでは，なぜ戸惑っていたのか，どうしたらそうならなかったのか，を教材や教師の働きかけと結び付けて具体的に振り返ることは

難しい。「問題が生徒のレベルに合っていなかった」くらいの漠然とした振り返りに終わってしまうことも多い。その結果，いたずらに課題のレベルを下げてしまうようなことにもなりかねない。

同じ生徒が想定した答えを出してくれなかった場合でも，例えば，生徒が授業の前後でどんな解の表現をしていたかの具体的な記録から「生徒は今日の課題をこのように受け取っていたのではないか」と推測を働かせてみると，課題のレベルを下げずに「聞き方を変えてみたらどうだっただろうか」「もう少し具体的な例をあげて課題の提示ができればよかったかも」，といった別のデザインの可能性を考えてみることもできる。

生徒の具体的な学習の記録をもとに，次の授業改善に向けての仮説を立てて，こうした自分なりの授業改善の仮説を持って次の授業をデザインすることによって，次の授業の振り返りの際にもより焦点を絞った振り返りが可能になる。実践とその振り返りを通じて，人はいかに学ぶか，その学びをどう引き出すか，授業づくりについての自分なりの考えや視点を磨き，教師としての専門的な力量の向上につなげていくことができる。

こうしたロングスパンの専門的力量形成の視点に加え，今日の授業で生徒たちが「何をどう理解したか」，その結果どんな「次に知りたいことがでてきたか」を具体的な記録から見て取ることは，すぐ次の授業での学びのデザインをより充実したものにするという点でも重要である。こうした評価の考え方を「形成的評価」と言う。今日の授業の中で，「生徒が授業者の予想を越えてこんな気づきをしてくれた」「生徒からこんな疑問がでてきた」，といったことを，また次の授業で掘り下げていければ，学びのゴールは前向きになっていく。

東京大学 CoREF の授業づくり連携では，初任者の先生からベテランの先生方まで，こうした「実践，振り返り，次のデザインの改善」のサイクルを回し続けている先生が集まっている。「今日文句のない授業ができたからここが到達点」ではなく，日々目の前の生徒の実態に即して，先生方も先へ先へ前向きにゴールを設定しながら学び続けていく。こうしたサイクルの中で，1つひとつの実践とその記録から見えてくることを大事にして，次に生かしていくことが何より重要だと考える。

Q8 学力のことを考えると、知識構成型ジグソー法の授業では不安です。

①何をもって学力を評価しているのか

「知識構成型ジグソー法の授業をやってみたら、テストの点が…」という話題について、量的に集約的な調査は行えていないが、先生方から聞く話については、おおよそ次の3パターンに分類できそうだと考えている。いずれも、初めて取り組んだ方から、学期に1度ないし単元に1度程度の頻度でジグソーを取り入れている方中心の感想である。

体感的に一番多いのは「(普通の授業をやっているクラスと)点数はあまり変わらないのではないか」という意見で、これは高等学校などで他の先生と共通の定期試験をしている先生方から多く聞く感想である。その中でも、比較的頻繁にグループでの学習を取り入れている先生方からは、「テスト前に生徒が、ここの答えを教えてください、と聞きにくることが少なくなり、生徒どうしで確認し合うようになった」といった前向きな声も聞く。

普通の授業をやっているクラスと比べて明らかによい、という意見もある。特にこうした傾向が顕著なのは、「その生徒たちにとって難しい記述問題に対する無回答率の低下や記述量の増加」についてである。また、長期記憶の保持という点でも「この授業でやった内容は、半年、1年経っても生徒が覚えている」という感想をもらうことも多い。

逆に「ジグソーでやると、テストの点数が下がる」という声を聞くこともある。具体的に話を聞くと、特に小学校などで日常的に行われている確かめテストの場合が多い。

以上の話をまとめると、現状のテストを考えると、知識構成型ジグソー法の授業を行うことで点が上がるタイプのテストと下がるタイプのテストがあると言えるだろう。

端的に言えば、「前の日に先生が教えたことをどのくらいちゃんと覚えているかな?」というタイプのテストについては、教師がまとめず自分で考えて答えをつくらせる授業より、丁寧に答えを教えてあげて、「これを覚えておいてね」としたほうが点数が取りやすいということがありそうである。ただ、こう

したテストで点数が取れることと、その内容がその生徒にどのくらい定着して、その後活用できるものになっていくかは、また分けて考える必要があるだろう。

逆に、特に「比較的高度な内容を自分の言葉で表現させるようなテスト」については、自分で考えて作った知識がより活きやすいと言える。入学試験や就職試験などのテストは、比較的こういった性質の強いテストだと言えるし、今後一層こうした方向に変わっていくと考えられる。また、日常の問題解決や先の学年で新しい学習課題に出会う場面なども、広い意味ではこうしたタイプのテストと同じ、活用できる知識が問われる場面だと言える。

生徒に最終的につけてもらいたい学力とはどのようなものだろうか。知識構成型ジグソー法の活用と同時に、何をもって学力の評価とするか、という評価の内容や方法も再考していく必要があると言えるだろう。

実際に、ある進路多様校の理科のテストに関するこんなエピソードがあった。進路多様校の場合、従来なら、「穴埋め問題も難しい生徒実態で、記述式の応用問題を問うようなことは無理だろう」と考えられがちだろう。ところが、知識構成型ジグソー法の授業を何度か試しているうちに、先生方には生徒たちが意外と資料を活用して、自分たちで答えを出すような学習が得意であることが見えてきた。そこで、従来の暗記穴埋め式のテストから、新たに「ヒントをもとに高度な課題に記述で答えを出すテスト」に変えてみたところ、内容のレベルは上がっているにもかかわらずテストの平均点は変わらなかった、という。

このエピソードは、私たちが今ある問い方を通じてみている生徒の学力というのはあくまで一面的なものであること、そして私たちが基礎、発展と腑分けしている内容や問題が必ずしもその順番ですべての生徒に理解されているわけではないことを示している。生徒の力を引き出す授業づくりとあわせて、つけたい学力とはどのようなものか、それを見取る評価とはどのようなものかを問い直していくことも常に視野に入れておきたい。

第4章

河合塾での展開
―河合塾ジェネリックスキル講座―

　河合塾は，三宅なほみ先生が中京大学にご所属のときから，先生の協調学習の理論と実践に共感し，様々な取り組みをご一緒させていただきました。「CoREF」は，「Collaborative reflection」の略とも言われていますが，先生との長年のコラボレーションを通して私たちも多くを学ばせていただきました。心より感謝しております。
　さて「河合塾ジェネリックスキル講座」は，グローバル化した変化の激しい現代社会で活躍するために必要とされる汎用的技能の育成を目的とする講座で，その中でも特に生徒自らの探究力，他者と協力して課題を解決する能力の育成を主眼としています。ここでは教科の枠組みを越えた探究活動としての知識構成型ジグソー法の実践事例として紹介させていただきます。

1. ジェネリックスキル講座とは

　グローバル化や絶え間ないイノベーションが進む現代社会では，どれだけ知識を持っているかだけではなく，知識を活用し背景の異なる他者と協働して課題を発見し解決する能力や，自ら知識を獲得し主体的に学び続けることのできる能力の重要性が高まっている。こうした能力を河合塾は「ジェネリックスキル」と呼んでいる。「ジェネリックスキル」とは，専門・専攻の如何を問わず，社会で求められる汎用的な能力・態度・志向のことであり，私たちはジェネリックスキルをリテラシー（知識を活用して問題を解決する力）とコンピテンシー（周囲の環境とよい関係を築く力）の2つの側面から捉えている（図4-1）。
　ジェネリックスキル講座は，このジェネリックスキルを，グループワークを中心としたアクティブラーニング型の授業を通して育成することをねらいとした講座で，高校1，2年生を対象に，2012年から開講している。

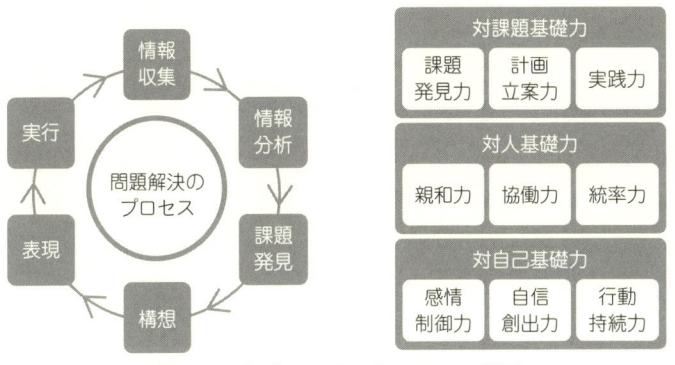

図4-1 ジェネリックスキルの2つの側面

リテラシー（知識を活用して問題を解決する力）：問題解決のプロセス（情報収集→情報分析→課題発見→構想→表現→実行）

コンピテンシー（周囲の環境とよい関係を築く力）：
- 対課題基礎力（課題発見力・計画立案力・実践力）
- 対人基礎力（親和力・協働力・統率力）
- 対自己基礎力（感情制御力・自信創出力・行動持続力）

この講座のねらいは以下のとおりである。
＊知識を活用し問題を解決するプロセス（情報分析→課題発見→構想→表現）とスキルを段階的に学び，意識化・習得する。
＊学校・学年を越えた多様なメンバーとのグループワークを通してテーマに関する理解を広げ深めるとともに，対人基礎力・対自己基礎力を意識化・強化する。
＊教科の枠組みを越えて，科学・生命，社会・文化，政治・経済などの様々なテーマについて資料を読み，議論し，意見を述べ合い，テーマについての理解を深める。

プログラムは，ジェネリックスキルの能力要素を意識的にトレーニングする能力要素別講座と，あるテーマについて問題解決のプロセスに即して理解を深めていく総合演習とがある。年間カリキュラムは表4-1のとおりである。

表4-1 年間カリキュラム（2015年度）

7月	能力要素別講座	コンピテンシー編（対人基礎力）
8月		リテラシー編①（課題発見力）
9月		リテラシー編②（構想力）
10月	テーマ別講座	総合演習（政治・経済）
11月		総合演習（科学・生命）
12月		総合演習（社会・文化）

1．ジェネリックスキル講座とは

2．事例紹介

ここでは，2014年度に実施した総合演習の1つを紹介したい。知識構成型ジグソー法の考え方を取り入れて実施した，90分×3コマの授業である。

（1）授業の目標

＊資料の読み取りを踏まえ，問いに関する現状や課題を自分の言葉で説明することができる。（情報分析力・課題発見力）
＊テーマに関する現状や課題を多角的に検討し，自分なりの意見（解決策）をレポートにまとめることができる。（構想力・表現力）
＊個人やグループでワークに取り組むことで，話す・聴く・話し合うといった対人基礎力や主体的に学ぶ姿勢を身につける。（対人基礎力・対自己基礎力）
＊活動を振り返って，自分自身のリテラシーやコンピテンシーを意識化し，次につながる行動を言語化できる。（対自己基礎力）

（2）授業の内容と流れ

講座のねらいや目標に即して，表4-2のような流れで授業を行った。グループの構成はそれぞれ3名ずつとした。

表4-2　授業の内容と流れ（90分×3コマ）

テーマ：若者の政治参加を進めるためにはどうしたらよいか		
1限目	1）導入	・目的，目標，進め方の提示（5分） ・アイスブレイキング（5分） ・課題の提示と現時点での自分の考えの発表（5分）
1限目	2）情報分析から課題発見へ ～ジグソー（1）～	・グラフ資料の読み取り：ワークシートに記入（15分） ・エキスパート活動：読み取った内容のカード化（15分） ・ジグソー活動：マップ化（35分） ・クロストーク：状況と課題の発表（10分）
2限目	3）課題発見から構想へ ～ジグソー（2）～	・個人で文章資料を読み取る：ワークシート記入（20分） ・エキスパート活動：読み取った内容のカード化（20分） ・ジグソー活動：マップ化（40分） ・クロストーク：解決策の発表（10分）
3限目	4）表現 ～レポートを書く～	・文章作成のプロセスに関するレクチャー（10分） ・個人ワーク：アウトラインの作成→文章化（40分） ・グループ内での読み合わせとフィードバック（20分）
3限目	5）振り返り	・振り返りシートの記入（10分） ・振り返りの共有（10分）

1限目のジグソー（1）は，現状分析・課題発見を到達目標としたセッションである。まず各自で若者の政治参加の現状に関するグラフを読み取り，エキスパート活動では，読み取った内容を確認し合ったうえでカード化を行った。カードには読み取った内容と資料番号を書いてもらう。自分たちが読み取った内容の再確認であるとともに，次のマップ化の準備でもある。ジグソー活動では模造紙の上でそれぞれのカードを発表し合い，カードをグループ化したり見出しをつけたりしながら（マップ化），それぞれが読み取った内容を統合し，全体像の整理を行った。そのうえでマップを見ながら改めて何が問題なのか，解決すべき課題は何なのかというディスカッションを行い，話し合った内容を全体で共有した。ジグソー（1）の問いと各エキスパートのグラフ資料（①～⑥）は表4-3のとおりである。

　2限目のジグソー（2）は，ジグソー（1）で見えてきた課題を踏まえた解決策の構想を到達目標としたセッションである。まず各自で若者の政治参加を促す取り組みに関する文章資料を読み取り，そのうえでジグソー（1）同様にカード化，マップ化を行った。さらに，マップを見ながら他にどのような解決策があるかディスカッションを行い，出てきたアイディアはカード化して追加した。ジグソー（2）の問いと各エキスパートの文章資料（⑦～⑨）は表4-4のとおりである。

表4-3　ジグソー（1）の問いと資料（グラフ資料）

問い：若者の政治参加の現状とその背景にあるものはなんだろうか		
エキスパートA	①年齢別の投票率	②年齢別の投票に行かない理由
エキスパートB	③若者の政治関心度	④個人では政治に影響を与えられないと思う高校生の割合
エキスパートC	⑤国別の年齢別投票率	⑥国別の若者の政治関心度

表4-4　ジグソー（2）の問いと資料（文章資料）

問い：若者の政治参加を進めるためにはどうしたらよいか	
エキスパートA	⑦「ネット選挙」のメリット・デメリット
エキスパートB	⑧スウェーデンの事例（国会議員の年齢構成とそれがもたらすもの）
エキスパートC	⑨オーストラリアの事例（投票の義務化とその意味するもの）

3限目のレポート作成では,「若者の政治参加を進めるためにはどうしたらよいか」というテーマで,各自が800字程度のレポート作成に取り組んだ。文章構成に関する簡単なレクチャーの後,個人ワークに移ったが,先ほどまでの喧騒(？)が嘘のように静まり返った40分間である。その後グループ内でレポートを読み合い,よかった点や改善点をフィードバックし合う。生徒たちは,同じようなプロセスをたどりながらもアウトプットが多様なことに素直に驚きつつ,グループメンバーからのフィードバックを楽しんでいるようであった。
　また,ジェネリックスキル講座では,授業最後の振り返りを重視している。生徒自身が自分のできたことできなかったこと,わかったことわからなかったことに気づくことこそが,ジェネリックスキルの意識化と強化につながり,生徒自らが主体的に学び続けることにつながると考えるからである。

(3) 生徒の学び―活動状況,レポート,振り返りシートから―

　ほぼ全員が,前回のジェネリックスキル講座を受けており,ジグソー活動は2回目であった。1限目の導入時に前回の振り返りを踏まえて,今日チャレンジしたいことを言語化してもらったこともあり,どの生徒もより積極的な参加を意識していたと思われる。前回よりも「対話しながら考える」場が活性化している様子がうかがえた。
　1限目の導入時に,今日のテーマ「若者の政治参加を進めるためにはどうしたらよいか」に対する生徒の考えは,「インターネットで投票できるようにする」(圧倒的多数),「献血のように,投票に行ったら何か景品がもらえるようにする」といったものであった。しかし,ジグソー(2)では,「そもそも投票に行くことだけが政治参加ではないのでは？」といった議論も生まれ,最後のレポートでは,

- 若者に自らの政治参加によるメリットを知ってもらう活動が不可欠である
- 若者に政治に興味を持ってもらうために，国会中継に解説者をつける
- 教育の中で，政治に関する議論の場を設ける

などの解決策が述べられていた。またインターネット投票に関しても，メリット・デメリットを多角的に検討したうえで，投票方法の多様化の1つとして提示されるなどの深化が見られた。いずれもこの授業を通してテーマに関する生徒たちの考えが広がり深まったこと，そして自分なりの理解と表現に到達できたことを示している。

また，1限目の導入時にはレポート作成にとまどう生徒もいたが，3限目のレポート作成の時間にはそれぞれが集中し，40分程度で800字のレポートを書きあげた。完成したレポートの多くは，解決策のみならず，現状や課題，反論予測などを含んだ内容となっており，レポートを書くということは様々な知識を活用した思考のプロセスの外化であることを実感した様子がうかがえた。

表4-5は，振り返りシートからの抜粋である。ここからは生徒一人ひとりが，経験を通して，様々に学び方を学んでいる様子がみてとれる。

表4-5　生徒の振り返りシート

生徒A（高校1年生男子）
- ただ無意味に板書を写すよりも，話し合う・教え合うほうが記憶に残る。
- 1つの問題について，いろいろな資料を使い，あらゆる方向から考えると，おもしろい発想が浮かぶ。
- 漠然と資料を見るのではなく，何のためにこの資料を使おうとしているのかを考えることが大切。
- お互いの考えを交換すると，意外な発見がある。

生徒B（高校1年生女子）
- 最初の解決策は，なぜかをあまり深く考えていなかったため，表面的で説得力もなかった。800字のレポートを書けるか不安だったが，問題解決のプロセスを踏んで書くとなんとかまとめることができ，自信につながった。

生徒C（高校2年生女子）
- 今日は途中参加だったが，グルーピングされた模造紙を見て，一目で情報がわかった。膨大な量の資料だったのに，分担して読むことで，自分の考えを得るためのヒントがこんなにもらえるなんて，おいしいやり方でした。

生徒D（高校2年生女子）
- 初めて会う人の中で，自分がどういった役目を果たすか勉強になりました。時には話し合いを引っぱったり，相手の意見を引き出したり。最近学校でディベートの授業があるので，そこでも活かしていきたいです。

3．まとめ

　以上，知識構成型ジグソー法を取り入れたジェネリックスキル講座を紹介した。ジグソー法を取り入れることによって，「他者と一緒に考えると理解が進む」ことが生徒にも教員にもはっきりと自覚される。責任を持って伝えなければならない場がつくられ，自然なコミュニケーションが引き出される。そこで生徒は，様々な意見を統合し自分なりの理解と表現に至るプロセスを学んでいく。改めて主体的な学びを促すためには，主体的な学びの場をつくる設計が不可欠であることを痛感する。

　高校生を対象としたジェネリックスキル講座は2015年度で4年目を迎えた。複数の教員・職員でプロジェクトチームを組み，授業案・教材やワークシート・投影用のスライドなどを作成し，共有している。授業後はチームで振り返りを行い，問いの文言やタイミング，資料の差し替えなど細かな，時には大幅な改善・修正を行っている。

　三宅先生が東京大学CoREFの活動報告書でおっしゃっている以下のことが印象に残っている（東京大学CoREF，2015）。

- 21世紀型スキルと呼ばれる能力は誰しもが潜在的に持って生まれてくる潜在能力である。
- 発現の機会を与えられれば発現するし，機会がなければ発現しない。
- どうやって環境をつくればその力を授業で使ってもらえるか？という観点から授業づくりを見直してみることが，21世紀型スキルを育てる環境づくりの肝である。

　私たちのジェネリックスキル講座の根幹もまさにそのような学びの場の提供にある。これからも，生徒たちが自ら学ぶ力を発揮できる場をつくるために，質のよい教材を作成する力や生徒の多様な意見を受けとめ学びを促進する力をより一層向上させていきたい。

参考文献

東京大学 CoREF (2015). 自治体との連携による協調学習の授業づくりプロジェクト平成26年度活動報告書 協調が生む学びの多様性 第5集

おわりに
―解題も兼ねて―

白水 始（国立教育政策研究所）

１．本書の総括

　本書は，東京大学 CoREF が中心となって展開してきた協調学習の理論と実践について，「知識構成型ジグソー法」という１つの授業の型を軸として解説したものである。

　「１つの授業の型を軸とする」と聞くと，狭い内容しか学ぶことができないように思うが，中身をご覧になっていただくと，豊かな深まりが感じ取られるだろう。それによって，読者のお一人おひとりが特定の授業の型を超えて子どもの学びを見つめ直し，「アクティブ・ラーニング」について腰を据えて考えるきっかけになると思われる。これは焦点とする授業の型を１つに絞り，それを研究者・実践者・教育関係者・児童生徒のいわば「共通言語」にすることによって，学び手全員が一人ひとりこの授業をめぐって「自分の理解―子どもは授業の内容理解，大人はその子どもの理解や教材理解，それを支えるシステムの在り方の理解―を深めることができているか」という問いに集中することを可能にした成果だと考える（そもそも各章の表で見るように「課題」と「３つの資料」を列挙するだけで授業の概要がある程度わかるのは，型を共有したならではの効果だろう）。

　それでは，もし授業に「共通の型」を設定することが重要なのだとすれば，それはどのような種類や質のものであってもよいのだろうか？　そこに本書のもう１つの目的―知識構成型ジグソー法の紹介を通して，それが依拠する認知科学や学習科学を紹介するという目的―がひそんでいる。型は当然，人の自然な学び方に寄り添うものであり，その授業を経験することでさらに学ぶ力が引き出されるようなものでなくてはいけない。そのために，心理学や人工知能，人類学を結集し現実場面における人の賢さを追求してきた認知科学や，その賢さを学校内外で実践的に引き出そうとしてきた学習科学の知見が使われるのである。だから，「はじめに」から第１章まで，授業の型の背景にある「人の学び方」や「対話の意味」が認知科学・学習科学の知見に基づいて平易に語られるだけでなく，第３章に見るように，具体的な授業デザインや教師が授業中に打つ手立てについても理論に基づいた実用的なヒントが提供されている。

　それでは，人の学びについての確かな理論と，それに基づいた授業の型があれば，

後は教材の「傑作選」を開発・提供して先生方にそっくりそのままの形でやってもらえばよいのではないだろうか？　それに対する本書の答えはノーである。その代わり，本書が一貫して訴えるのは，「これまでの教材を参考に，先生方一人ひとりが新しい教材，ベストだと思える教材を作ってほしい」ということである。知識構成型ジグソー法が制約するのは学習活動の流れでしかない。そこにどのような課題や知識の部品を準備するかは，すべて先生に託されている。つまり，「ジグソー法って面白いですよ。あなたもやってみませんか？」というのが CoREF の基本メッセージだろう。そのメッセージに応えて，授業をデザインし，実践の手応えを踏まえて授業をよくし続けようとなさっているのが，第2章で紹介された先生方である。各節のインタビューを拝見すると，知識構成型ジグソー法の理解はもとより，各先生なりの認知科学・学習科学が語られている点が印象的である。CoREF の認知科学・学習科学の紹介とは，決して研究者が認定した唯一の正解を提供することではなく，それを現場の先生や読者のみなさまと共有し，お一人おひとりの経験や考えと合わせて「人はいかに学ぶか」という問いに対する納得のいく答えをつくっていただくということである。それが各人なりの認知科学・学習科学の発展にもつながるだろう。

　しかし，「各人なりの認知科学・学習科学の発展」と言っても，それをどう具体的に進めていけばよいのだろうか？　その鍵が「評価」である。第1章と第3章に評価の原理と手法が紹介されているが，一番わかりやすいのは，第2章における各授業に即した授業前後の生徒の理解の深まりと，その深まりの理由を探った数グループの発話分析だろう。課題と期待する解答の要素を明確に定め，授業前後に同じ問いに対する解答を生徒に2度書いてもらうことで，単に教員の求める解答に収斂したかどうかではなく，一人ひとりの生徒が授業の中で考えをどう変えたかを推測できるデータを手に入れている。加えて，その途中のグループ会話を分析することで，一人ひとりの生徒がなぜ，どのような過程で考えを変えたかを詳細に推測することに成功している。その会話例はまた，第1章や第3章で強調される「わかりかけたことを言葉にする」「話しながら考えを変える」「聞いている間も考えている」過程を例示することで，「授業を教え合いではなく，話し合いを通じた協調問題解決にすること」や「エキスパート活動時の不完全な理解でもジグソー活動に移って話し合ってみること」の意義を了解しやすくしている。学習科学の観点から見ると，CoREF の最大の強みは，授業と評価の型を定めることで，学びのプロセスデータに基づいた授業と子どもの見直しを可能にしている点にある。当グループでは，全生徒の授業中の発話を自動認識・文字化してキーワードで検索できるシステムの開発・評価も試みている。こうしたICT基盤が整うと，「人はいかに学ぶか」についての先生方や研究者，学習者の理解が進み，

それを語り合い，データに戻って再吟味することもやりやすくなるだろう。
　最後に，知識構成型ジグソー法の授業で生徒にどのような力が身につくかである。本書のどこを見ても「この手法で定期考査の点数が10点上がりました」「偏差値が10上がりました」という類の安易な成果は謳われていない。もちろん学習科学も，その前身である認知心理学ベースの介入型の教室実験研究では，講義型授業に比べて学習者主体の授業が記憶の保持や記述問題・応用問題の成績を有意に向上させるといった成果を山ほど蓄積していた。しかし，その「科学」のふりをした統制実験の陰で，効果のない統制群に割り振られた学習者が犠牲になる倫理的問題や，効果があった実験群でも教授方法（独立変数）がどのようなプロセスで学習成果（従属変数）を生むのかを明らかにできない問題，効果が出たと謳う指標が教授方法に好都合なものばかりという問題もあり，学習科学は統制実験を捨て，各現場が各時点でベストと考えられる教授実践を行い，そのプロセスを長期間にわたって詳細に明らかにしながら，期待通り・期待以上の成果を捕捉するデザイン研究へと研究方法を変えてきた。
　本書も知識構成型ジグソー法のデザイン研究を通して，学力とは何かを見直し，生徒たちの伸びを正当に評価できる指標を模索している。河合塾の取組が第4章で取り上げられているが，教育産業がアクティブ・ラーニングを模索しているこの実態がまさに，今起こっている学力観とその指標の見直しを象徴している。受験対策を重視するのであれば，悠長な学び方をするより，知識・技能を「わかりやすい」座学で詰め込んだほうが効率もよさそうである。しかし，知識・技能の本質的な理解のために知識構成型ジグソー法が有効であること，さらにその理解の深め方に「資質・能力」が使われ，その活用を通して学力自体が伸びる手応えが実感されているのだろう。決して「入試が変わりそうだから」という後向きな対処ではなく，産官学で連携しながら，授業のイメージを変え，評価のあり方自体も問い直していこうというメッセージだと受け止めたい。
　以上すべてをまとめると，アクティブ・ラーニングの一例としての知識構成型ジグソー法が「はじめに」で言及されたような「学び続ける教師」のコミュニティ作りを目指していることが理解できるだろう。次期学習指導要領改訂の論点整理の該当箇所を下記に示したとおり，アクティブ・ラーニング等の学び方を重視するのは「特定の型を普及させることではなく」と書かれているだけで，「特定の型を使うことではなく」とは書かれていない。つまり，特定の型を使ったとしても，それがその先の「学び全体の改善」や「子どもの学びへの積極的関与と深い理解を促す指導や学習環境の設定」「子どもたちの自信や資質・能力の醸成」につながればよく，そのために「教員一人ひとりが研究を重ねること」が重要になるということである。逆に言えば，特定

の型を，その目的や背景となる学びの見方を抜きに，その型通りにのみ実行することを強制し，反論を許さないという，いわば思考・判断・表現停止状態に追い込むことが忌避されていると解釈できる。

> 次期改訂が学習・指導方法について目指すのは，特定の型を普及させることではなく，下記のような視点（筆者補：「問題発見・解決を念頭に置いた深い学びの過程」「他者や外界との対話的な過程」「見通しや振り返りを含む主体的な過程」という三つの視点）に立って学び全体を改善し，子供の学びへの積極的関与と深い理解を促すような指導や学習環境を設定することにより，子供たちがこうした学びを経験しながら，自信を育み必要な資質・能力を身に付けていくことができるようにすることである。そうした具体的な学習プロセスは限りなく存在し得るものであり，教員一人一人が，子供たちの発達の段階や発達の特性，子供の学習スタイルの多様性や教育的ニーズと教科等の学習内容，単元の構成や学習の場面等に応じた方法について研究を重ね，ふさわしい方法を選択しながら，工夫して実践できるようにすることが重要である。

(中央教育審議会，2015，p.18)

これは平易に言い換えると，授業を含めた教育一般をデザインするという問題に対して，先生一人ひとりが答えをつくり，「私はこう考えたので，こう試した。その結果がこうなったので，最初の考えを見直して，次はこうしたい」と思考・判断・表現することが大事にされているということであろう。この過程は「学ぶ」というプロセスそのものでもある。「はじめに」で児童生徒が「他者との関わりを通じて，自分なりの答えを作り，試し，磨き，その先にわかったからこそ問いたい自分なりの『次の問い』を見つけていく」という学びのプロセスが紹介されているが，これからの教育でやりたいことは，子どもだけでなく，教員も管理職も学校も地方も国もすべてのレベルで，研究者，企業人，教育関係者，保護者まで巻き込んで，この学びを引き起こすことではないか。

こうした学びのサイクルを構想し，全国の小中高等学校と教育行政と河合塾等の企業をつないで実践の輪を拡げた中心にいたのが，東京大学 CoREF の副機構長を務めていた三宅なほみ氏であった。氏の口癖の1つに「認知科学がみんなの常識になれば，私は消えてなくなってもいいのよ」というものがあったが，彼女が昨年（2015年5月29日）亡くなった今，認知科学は幾ばくかの人々の常識になっているのだろうか？氏はアクティブ・ラーニングの定義についても「一人ひとりの児童生徒が学びの主体となることができる学習形態のことで，誰かが理論に基づいて特別に定義したというよりも，実践が積み上がる中で，自然に経験則的にそう呼ばれるようになってきたもの」と捉えておけばよいという趣旨の発言を行っていた。これも市井の学びに関する知恵の中にアクティブ・ラーニングがあり，それを落ち着いて拡張・強化することを認知科学・学習科学が手助けできるとよいという氏の姿勢をよく表している。そこで

本章の後半では三宅氏の研究業績を振り返り，本書の内容と関連づけながら，認知科学や学習科学を，そしてそれを具現化した氏の「建設的相互作用理論」を「みんなの常識」にするために取り組めることを考えてみよう。なお，次節は三宅氏の研究史をまとめた白水・齊藤（2015）の一部を加筆修正し，知識構成型ジグソー法の背景理論と発祥経緯に絞って氏の研究を紹介する。

２．三宅なほみ氏 研究史

三宅なほみ氏は，学部生の時に戸田正直氏の"Possible roles of psychology in the very distant future"（Toda, 1971）を読んで，「心理学をやろう」と志したと言う。この著作は，戸田氏が国際心理学会で心理学の将来を語ることを求められた際の講演に基づいており，その内容は，三宅氏の言葉を借りると「世界の人の知の総体によって，一人ひとりに最高品質の自己実現が保証される社会を実現しようとしたら，心の科学をその究極まで発展させるしかない」というものだった。認知科学がそのような「心の科学」になりうると信じ込み，認知科学をすべての人の常識にして，その判断の質を高めることで，個人も社会も成長できることを目論む三宅氏の原点が，ここに垣間見える。

大学院生時代の氏の研究テーマは，「人はいかに疑問を持つことができるか」というものだった。研究初期から，理解の生成的な性質に興味があったことがうかがえる。1977年にカリフォルニア大学サンディエゴ校に留学し，「ミシンの縫い目はどうやってできるか」を2人の人に話し合ってもらう過程の分析を行って，「人は他者と考えをやり取りしながら，自分だけの理解を深めていくことができる」という建設的相互作用理論を提唱する。その詳細は第1章で紹介されているため，研究としての特徴だけ補足しておこう。1980年代当時，1人より2人で問題を解くと成績が向上するかという研究はすでにあった。ただし，これらの研究はそのプロセスは問題にしていなかった。一方で，1人で問題を解く最中の思考を発話させて，問題解決過程を明らかにしようとする研究もあった。しかし，氏のように2人に問題を解いてもらうことで，発話を通して一人ひとりの理解の深まりを明らかにしようとする研究は珍しかった。氏の研究の特徴は，このときからずっと，協調的な場面でも一人ひとりの考える過程を大切にし，その多様性を丁寧に明らかにするところにあった。

1982年に帰国後，青山学院短期大学では，インターネットを使った国際理解教育の走りとも言える「文化間学習ネットワーク（InterCultural Learning Network）」プロジェクトに従事する（三宅，1997）。これは，東京，アラスカ，イリノイ，イスラエルの学校をつなぎ，「飲み水はどこから来るか」「世界中の南中時の影の長さがわかると

したら？」といった様々な課題を共有して，問題の解き方そのもの，データやその解釈，答えの価値づけを交換する試みだった。三宅氏によると，実践の肝は「課題設定」だったと言う。たとえどこか1つの地域だけでも子どもが解いてみたいと思う課題が設定できれば，それに従ってデータの活用法や個々の知識・技能を学ぶ目的が見えてくる。うまくいけば，異なる文化の異なる視点に基づいて子どもたちが自分の考えや文化に疑問を持ち，それが新しい問題解決につながることも起きた。学ぶことの意味（機能）をつかむ要因は，子ども側ではなく，むしろ環境の側にあるのだ，という考え方を三宅氏は「機能的学習環境論」と呼び，それが本書に通底する「子どもが深く学ぶための学習環境はデザインできる」という主張の基盤をなしている。

　1991年，中京大学に移籍後は，認知科学の知見に基づいて，認知科学そのものを教える試みに従事した。それは，「知的にタフな大人」ばかりでない学生を相手に，機能的な学習環境の中でどのような足場（scaffold）を掛けて建設的相互作用を引き起こし，認知科学を常識にすることができるか，という挑戦だった。この中京時代に，三宅氏は，知識構成型ジグソー法の前身となる「単純ジグソー」と呼ばれる3資料を1授業内で交換し明示的な統合を狙うジグソーや，認知科学の研究領域と研究方法でマトリックス化した資料を複数授業で交換させ多視点の統合を促す「構造化ジグソー」，ゆるやかな領域で括られた30余の資料を1学期間掛けて交換させ問い自体の創発を狙う「ダイナミックジグソー」など多種類開発し有機的に組み合わせた。そこから，入学後2年間をかけて認知科学を学ぶ「スーパーカリキュラム」，すなわち，認知科学のパズルを解く体験学習から始め，単純ジグソーや付箋による概念地図作成を経て，電子的概念地図ツールを用いたダイナミックジグソーに至るという協調学習経験累積型のカリキュラムを作った。このように中京時代は2年間という長時間をかけて目前の学生相手に多様な学習法を組み合わせながら学びをデザインできる時代だった。

　これに対して2008年に東京大学CoREFに移ってからは，先生方や教育行政関係者，児童生徒といった多様な人が，それぞれの立場で，いつでも認知科学や学習科学を「使える形」で手渡すことが，三宅氏に求められた。やりたいことは，関係者一人ひとりが「人はいかに学ぶものか」について自分の頭で考え，学び合いながら教育実践上の課題に取り組む協働的な活動を通して，人の学びと支援について現場で使える理論を豊かにしていくことだった。

　その目的のための一手段として，手渡すものをより洗練させ凝縮させたのが，学習科学の理論に基づく対話型授業の「型」と評価の「型」だった。前者の「知識構成型ジグソー法」という授業法と，後者の「授業前後理解比較法」と「多面的対話分析法」という評価手法はいずれも，学習過程の外化物をデータとして活用し，学習者の認知

過程を明らかにしようとする，氏の研究の出発点である共同問題解決研究の手法を学習評価に応用したものだった．

上記目的実現のもう1つの手段が，「型」を媒介として多様な教育関係者が授業改善のために学び合う研修体系とネットワークの整備（Design-Based Implementation Research: DBIR）だった（飯窪・齊藤，印刷中）．これは氏の研究史においては新しい課題だったと思われる．つまり，理論検証のための実験や自身の学生に対する授業など，1つのコミュニティの文脈に埋没して実践をデザインする課題から，多様な教育関係者がそれぞれのコミュニティにおいて質の高い実践を実現するためのシステムをデザインするという課題に移行したからである．実践がコミュニティの歴史と文化に根ざしたものであることを考えると，日本の学校教育という文脈において，研究・研修機会の拡大と重層化といった「容れ物」のデザインまでを視野に入れたCoREFのDBIRは，実践の継続的改善を目指す研究のあり方について豊かな示唆を提供してくれる．

特筆すべきは，この時期に展開した教育実践研究が，三宅氏自身の研究の見直しを助け，他領域の知見と統合する機会を提供したことである．創発的な協調活動頼みだった学習科学理論の質を引き上げるため，遠隔操作可能なロボットを協調学習のパートナーとして導入し，提供する説明のレベルや話し合い方をコントロールして，効果をプロセスから解明する「人ロボット共生学」研究も始めた（三宅，2012）．例えば，知識構成型ジグソー法のグループメンバーの「1人」としてロボットを入れた一連の実践では，子どもから質問を引き出したいときには，司会のように「質問ない？」と聞くよりは，「ウ～ン，わかんないな」と言ったほうが子どもも活発に質問しやすかった．疑問を持って素直に語り合うという文化は創造できるということである．

最後に以上を振り返り，三宅氏がこの先やりたかったであろうことを考えてみたい．東大時代の研究史を概観すると，「人は元来，自分で考えて学ぶことが得意である」「人が学ぶ力を発揮できる学習環境はデザインできる」という2つの命題へのこだわりが，よりはっきりと浮かび上がる．知識構成型ジグソー法という「型」は，児童生徒が自分で考え，その考えを出し合って学ぶ力を持っていることを前提に，その力が発現しやすい環境を教室に作り出す手法だった．「型」を使った授業デザインと評価の活動を中心とした教員研修のシステムも，教員や教育行政関係者もまた自分で考えて学ぶ存在であるということを前提に，彼らの学ぶ力を発揮できる環境を構築するという方針でデザインされていた．2つの命題が教育に携わる人々の常識となり，自分も他者も主体的な学び手であるという自覚を基盤とした教育実践の継続的改善システムが自走する未来を氏は夢見ていたのだろうか．この答えは，氏の業績を受け継ぎ発

展させていくことで明らかになっていくだろう。

3．学びを見直す

　最後に，本書の内容と三宅なほみ氏の研究を結びつけて，アクティブ・ラーニングの意義を再確認しておこう。本書の主たる読者であろう高校の先生方に伝えたいことは，ただ一つ，知識・技能の習得・定着と思考力・判断力・表現力等や学習意欲の育成は二項対立関係にあるものではなく，アクティブ・ラーニングを通して両者がらせん的に進むということである。三宅氏が「(21世紀には)スキルの育成が新しい学びのゴールになったようにも見える。しかし，それはおそらくは正しくない。人々の生活を支えるのは個々のスキルではなくそれらの組み合わせが産み出す『もの』だからである。アイディアや意見も立派な『もの』である」(東京大学CoREF, 2014, p.2)と書くように，思考力等のスキルを手段として用いて，どれだけ知識・技能を定着させ，深い理解を達成するかが最も重要な教育目標であることに変わりはない。

　それでは具体的な教育と評価はどのようなイメージになるだろうか？　まず三宅氏の研究と本書における知識構成型ジグソー法で学ぶ生徒の姿でわかるように，人が自然に学ぶときには，理解して初めて次の問いが見えてくる。だからこそ，理解すること自体に価値があり，なおかつ理解には終わりがないと受け止められる。これをもう少しわかりやすく捉えるために，山登りのメタファで考えてみよう。つまり，1つひとつの学習課題という山を登る（課題を解決する）ことで，「知識・技能」が身につき「理解」がもたらされる。山の頂上に着くと，視界が開け，次の山が見える。これが次の課題であり，「わかって初めて見える次の問い」になるため，これを「学習意欲」と捉えることもできる。そしてこの山を登る脚力が「思考力・判断力・表現力等」にあたる。資質・能力は，狭義にはこの脚力，広義には「山登りの一連の経験から身につく，知識・技能（理解），思考力等，学習意欲を一体化させたもの」と捉えられる。

　評価は，どのような道を歩き，どれだけの高さを登ったかを対象とする。つまり，優れて知識・理解を対象としながら，1つの授業や単元の中で歩いた距離や登った分の高度を見ることで，どれだけ脚力を使ったかを評価する。よく「一人ひとりの子どもの尊重」と「教師の期待するめあてへの到達」とが矛盾するように語られることがあるが，このメタファに従えば，前者が歩いた道の多様性であり，後者がそれを横から見たときの高度だと捉えることができる。だから全員が本質を理解しつつ，理解の表現は学習軌跡に応じて多様であることも了解しやすくなる。知識構成型ジグソー授業を筆者が見学した中で，授業最後に同じ問いへの2度目の解答を書く際，一人として隣の生徒の解答を写している生徒を見たことがないのは，それが一人ひとりの授業

で作った理解の結晶であり,本人自身の本人だけの次の学びのスタートになるからだろう。

本書がみなさまにとっての次の学びのスタートになることを願う。

引用・参考文献

中央教育審議会（2015）．教育課程企画特別部会 論点整理 文部科学省．
東京大学CoREF（2014）．自治体との連携による協調学習の授業づくりプロジェクト―協調が生む学びの多様性 第4集
飯窪真也・齊藤萌木（印刷中）．実践と省察のサイクルを支える教員研修体系とネットワークの構築 教育工学選書 学びのデザイン―学習科学 ミネルヴァ書房
三宅なほみ（1997）．インターネットの子どもたち 岩波書店
三宅なほみ（2012）．人ロボット共生学―実践的な学習研究にロボットを導入して,何ができるか 認知科学, 19, 292-301.
白水 始・齊藤萌木（2015）．三宅なほみ研究史―すぐ,そこにある夢 認知科学, 22(4), 492-503.
Toda, M. (1971). Possible roles of psychology in the very distant future. *Proceedings of the XIXth ICP*, 70-75.

実践から学びたい方，理論をさらに深く学びたい方に

　東京大学 CoREF では，平成22年度から年次活動報告書を刊行し，協調学習の授業づくりを中心とした研究連携における小中高等学校の実践例から教員研修プログラム，大学と教育委員会等との連携システム，さらには評価についての考え方や新しい評価手法の実践まで多岐にわたる成果を報告しています。

　東京大学 CoREF のホームページ（http://coref.u-tokyo.ac.jp/）では，この年次活動報告書をはじめ，協調学習の授業づくりに関する情報を随時更新・公開しています。小中高等学校における「知識構成型ジグソー法」実践例（「使い方キット」）や連携先教育委員会の小中高等学校での公開研究授業，関連シンポジウム・ワークショップ等の開催案内（「新着情報」）がご覧いただけます。

　また，背景となる理論や考え方についてさらに学びたい方は，次のような書籍も参考にしてみてください。

《「人はいかに学ぶか」の科学について》
○三宅芳雄・三宅なほみ（2014）．『教育心理学概論』　放送大学教育振興会
○稲垣佳世子・波多野誼余夫（1989）．『人はいかに学ぶか—日常的認知の世界』　中公新書
○米国学術研究推進会議（編）森　敏昭・秋田喜代美（監訳）（2002）．『授業を変える—認知心理学のさらなる挑戦』　北大路書房
○三宅なほみ・白水　始（2003）．『学習科学とテクノロジ』　放送大学教育振興会
○大島　純・益川弘如（編）（印刷中）．『教育工学選書「学びのデザイン—学習科学」』ミネルヴァ書房

《アクティブ・ラーニングで育てたい資質能力について》
○P. グリフィン・B. マクゴー・E. ケア（編）三宅なほみ（監訳）（2014）．『21世紀型スキル—学びと評価の新たなかたち』　北大路書房
○国立教育政策研究所（編）（2016）．『資質・能力—理論編』　東洋館出版社
○徳永　保（編）（2015）．『グローバル人材の育成—協調学習と IB プログラムによる新しい学びを通じて』　協同出版

◆執筆者一覧

はじめに		飯窪　真也	東京大学　大学発教育支援コンソーシアム推進機構
第1章		三宅　なほみ	東京大学　大学発教育支援コンソーシアム推進機構
		飯窪　真也（編集）	東京大学　大学発教育支援コンソーシアム推進機構
第2章	第1節	飯窪　真也	東京大学　大学発教育支援コンソーシアム推進機構
	第2節	畑　文子（授業者）	埼玉県立大宮高等学校
		飯窪　真也（解説・編集）	東京大学　大学発教育支援コンソーシアム推進機構
	第3節	下川　隆（授業者）	埼玉県立浦和第一女子高等学校
		齊藤　萌木（解説）	東京大学　大学発教育支援コンソーシアム推進機構
		飯窪　真也（編集）	東京大学　大学発教育支援コンソーシアム推進機構
	第4節	白石　紳一（授業者）	埼玉県立大宮光陵高等学校
		齊藤　萌木（解説・編集）	東京大学　大学発教育支援コンソーシアム推進機構
	第5節	下山　尚久（授業者）	埼玉県立皆野高等学校
		齊藤　萌木（解説）	東京大学　大学発教育支援コンソーシアム推進機構
		飯窪　真也（編集）	東京大学　大学発教育支援コンソーシアム推進機構
	第6節	山崎　勝（授業者）	埼玉県立和光国際高等学校
		杉山　二季（解説）	東京大学　大学発教育支援コンソーシアム推進機構
		飯窪　真也（編集）	東京大学　大学発教育支援コンソーシアム推進機構
第3章		飯窪　真也	東京大学　大学発教育支援コンソーシアム推進機構
第4章		堀上　晶子	河合塾（講師）
		成田　秀夫	河合塾　教育研究開発本部（開発研究職）
		高井　靖雄（編集）	河合塾　教育研究開発本部　教育研究部
		石鍋　京子（編集）	河合塾　教育研究開発本部　教育研究部
		片山　まゆみ（編集）	河合塾　教育研究開発本部　教育研究部
おわりに		白水　始	国立教育政策研究所

【編者紹介】

三宅なほみ(みやけなほみ)
1982年 カリフォルニア大学サンディエゴ校心理学部 Ph.D. 取得
東京大学 大学総合教育研究センター 教授，大学発教育支援コンソーシアム推進機構 副機構長(平成27年時)
2015年逝去

主な著書・論文
教育心理学特論(共著) 放送大学教育振興会 2014年
Case Report 5: Knowledge construction with technology in Japanese classrooms(CoREF), in P. Kampylis, N. Law, Y. Punie,(Eds). *ICT-enabled innovation for learning in Europe and Asia: Exploring conditions for sustainability, scalability, and impact at system level*, JRC Scientific and Policy Reports, 78-90. 2013年
Collaborative learning for conceptual change, in Vosniadou, S.,(Eds). *International Handbook of Research on Conceptual Change.* 2nd Ed. New York: Routledge. pp. 466-483. 2013年
教育心理学特論(共著) 放送大学教育振興会 2012年
概念変化のための協調過程—教室で学習者同士が話し合うことの意味 心理学評論, 54(3), 328-341. 2011年

飯窪真也(いいくぼしんや)
2011年 東京大学教育学研究科学校教育高度化専攻博士課程単位取得満了 修士(教育学)
東京大学 大学発教育支援コンソーシアム推進機構 協力研究員

主な著書・論文
アメリカ教育改革の最前線―頂点への競争(分担執筆)学術出版会 2012年
協調学習を柱とした授業の継続的改善ネットワークにおける教員の協調と理解深化 東京大学教育学研究科紀要, 51, 467-484. 2012年

河合塾
　成田秀夫(なりたひでお)教育研究開発本部 開発研究職，現代文講師
　髙井靖雄(たかいやすお)教育研究開発本部 教育研究部 統括チーフ
　石鍋京子(いしなべきょうこ)教育研究開発本部 教育研究部
　片山まゆみ(かたやままゆみ)教育研究開発本部 教育研究部
河合塾 教育研究開発本部教育研究部では，大学・高校におけるアクティブラーニングを軸にした授業手法やカリキュラムマネジメント，ジェネリックスキルの育成など，高校・大学・社会を通した新しい学びに関する調査・研究開発を行っている。

主な編集書籍
今日から始めるアクティブラーニング 学事出版 2015年
どんな高校生が大学，社会で成長するのか 学事出版 2015年
「学び」の質を保証するアクティブラーニング 東信堂 2014年

協調学習とは
——対話を通して理解を深めるアクティブラーニング型授業——

| 2016年3月20日 | 初版第1刷印刷 | 定価はカバーに表示 |
| 2016年3月30日 | 初版第1刷発行 | してあります。 |

編　者　　三　宅　　なほみ
　　　　　東京大学 CoREF
　　　　　河　　合　　塾
発　行　所　　㈱北大路書房
〒603-8303　京都市北区紫野十二坊町12-8
　　　　　電　話　(075) 431-0361㈹
　　　　　FAX　(075) 431-9393
　　　　　振　替　01050-4-2083

©2016　　　　　印刷・製本／創栄図書印刷㈱
検印省略　落丁・乱丁本はお取り替えいたします。
ISBN978-4-7628-2932-1　　　　　Printed in Japan

・ JCOPY 〈㈳出版者著作権管理機構 委託出版物〉
本書の無断複写は著作権法上での例外を除き禁じられています。
複写される場合は，そのつど事前に，㈳出版者著作権管理機構
(電話 03-3513-6969, FAX 03-3513-6979, e-mail: info@jcopy.or.jp)
の許諾を得てください。